미국 문화지도

차례

Contents

남들보다 반 발자국 앞서 가는 나라

많은 사람들이 읊조리고 있듯이 이제 세계는 점점 더 작아지고 또 좁아지고 있다. 그것은 교통수단의 발달과 인터넷을 비롯한 정보통신기술의 발달로 멀리 떨어져 있는 사람들 간의 교류가 더 쉬워지고 빨라지고 있다는 사실 하나만으로도 알 수 있다. 그런데 이렇게 작아지고 또 좁아지고 있는 세계에서 다행인지 불행인지 영어, 특히 미국 영어가 일찍부터 세계의 구석구석으로 계속 확산되면서 지구촌 공통언어(*lingua franca*)의 역할을 해오고 있다.

이렇듯 미국 영어가 널리 사용되는 것을 마땅치 않아 하는 사람들도 더러 있겠지만, 6천여 개의 언어가 상존하고 있는 지구상에서 세계 공통어의 구실을 하는 말이 등장하고 있으니

다행이라고 해야 할지도 모르겠다. 이미 인터넷을 비롯한 컴퓨터에 관한 대부분의 용어들이 영어인 것은 물론이고, 항공 및 항해에 관한 국제 통용어도 영어이며, 국제 상거래에서 음악, 영화 등에 이르기까지 거의 모든 분야에서 영어가 국제어로 통용되고 있다. 생각해 보자. 지금 일본과 브라질, 독일과 이집트 그리고 한국과 슬로베니아 사이의 교류가 어떤 말로 이루어지고 있는지.

현재 지구상에는 영어보다 중국어나 스페인어를 모국어로 말하는 사람이 더 많다. 그러나 모국어 다음의 제2의 언어로는 영어가 단연 선두에 있다. 영어를 모국어로 말하는 사람은 약 3억 5천만 명에 불과하지만 영어를 제2의 언어로 상용하는 사람은 15억 명이 넘는다. 영어를 말할 줄 아는 사람 중에서 이를 모국어로 말하는 사람보다 외국어로 말하는 사람이 훨씬 더 많다는 얘기다. 미국 내에만도 2천만 명 이상이 영어를 비모국어로 사용하고 있다.

게다가 세계어로서의 (미국)영어의 역할과 기능이 앞으로 더욱 커지리라는 예상이 지배적이다. 그래서 좋든 싫든 영어를 배워야 하는 세상이 되었다.

최근 한국에서는 미국에 대한 감정이 극도로 악화되었지만, 그런 중에도 영어를 배우려는 열기는 식지 않고 있다(물론 영어는 미국만의 언어가 아니므로 반미라고 해서 영어까지 배척해야 한다는 논리는 타당치 않지만). 또, 미국 유학에 대한 관심과 수요 또한 줄지 않고 있는 것을 보면 다소의 모순과 이율배반이 느껴지기도 하지만 어쨌든 한국인들의 영어 배우기 열기가 얼마나 뜨거운지 잘 알 수 있다.

문제는 영어 배우기에 무지막지한 돈과 시간과 정력을 쏟고 있는데도 불구하고 아직도 한국인들의 TOEFL성적은 세계 119위에 머무르고 있다는 사실이다. 그래서 미국을 싫어하는 김에 미국 영어도 싫어해 버리자는 행태가 나타나기도 한다. '붉은 악마'를 통해서 민족의 역량과 긍지를 펼쳐나가자고 외치는, 이른바 W세대 중에는 촌스럽고 상스러운 미국식 영어 발음 대신에 점잖고 품위 있는 영국식 발음을 사용해야 한다면서, 가령 water를 '워러'라고 발음하지 말고 '워터'라고 해야 한다며 고집하는 사람도 있다.

그러나 그것은 한국을 Korea라고 쓰지 않고, Corea라고 쓰는 것과 똑같이 속 좁은 생각이다. 코리아의 첫 글자를 붙어 등에서는 C로 표기하지만 국제적 통용어는 Korea이고 우리 스스로도 공식적으로 Korea라고 쓰고 있는데, 이를 Corea라고 적는다고 해서 한국이 갑자기 일본을 앞서는 선진국이라도 된다는 말인가. 그런 속 좁은 생각을 가진 사람은 결국 남들보다 늘 반 발자국 뒤지고 말 것이다.

그런 사람들은 미국이 모든 면에서 남들보다 앞서 가는 것이 배가 아플지 모른다. 그래서 그들은 맥도널드 같은 미국식 패스트푸드는 음식이 아니라고 까뭉개고 할리우드 영화는 너무 장난 같고 싱거워서 볼 수 없다고 백안시한다. 하지만 그들은 미국을 폄하하면서도 왜 그런 미국의 것들이 세계 도처에

퍼지고 있는가에 대한 현실적 원인 분석을 해내지 못하고 있다. 이런 상황은 마치 미국식 발음이 싫다고 하면서 자기도 모르는 사이에 박스(box), 칵테일(cocktail), 카피(copy), 닥터(doctor), 스캇치(Scotch) 등등의 미국식 발음을 사용하고 있는 것과 마찬가지다(이런 단어들의 영국식 발음은 복스, 콕테일, 코피, 독터, 스콧치에 가깝다).

지금 한국의 젊은 세대 중에는 미국과 관련된 사건마다 반미시위를 벌이는 W세대가 있는가 하면, 양키즈 야구모자에 UCLA라고 쓴 상의를 입고 미국 인기 연예인들의 동호회 홈페이지를 들락거리는 N세대가 상생하고 있다. 그러나 이 W세대와 N세대는 사실 둘이 아니라 모순과 자가당착을 몸에 겹겹이 싸고 있는 하나일 뿐이다. 그런 상황에서 그들의 영어 실력이 좀처럼 향상되지 않고 있는 것은 오히려 당연한 일인지 모른다.

한국은 그렇다치더라도 미국에 영어를 잘 못하는 사람이 많다는 것은 정말 심각한 일이다. 아무리 이민으로 이루어진 나라라고 해도 미국이 한 나라라면 (겉으로나마 한 나라처럼 보이려면) 최소한 그 안에 살고 있는 사람들이 구사하는 말이라도 하나로 통일되어야 할 것 같은데 그렇지 못하니 볼썽사납기도 하다. 게다가 미국 영어는 이제 세계 공용어라는데 말이다.

사실 영어는 외국인들이 배우기에 무척 어려운 언어이다. 하지만 영어가 특히 한국인에게 어려운 이유는 바로 영어 문화가 한국 문화와 크게 다르기 때문이다. 두 언어가 서로 다른 이유는 그 언어가 사용되는 문화가 서로 다르기 때문이고 따라서 한국인으로서 영어 문화를 익히기가 (마찬가지로 미국인이 한국 문화를 익히기가) 어렵기 때문에 서로의 언어를 배우기가 어렵다는 말이다.

한국 문화를 잘 모르는 미국인들로서는 '식은 죽 먹기, 꿀 먹은 벙어리, 김칫국 마시기, 함흥차사'와 같은 한국 문화가 잔뜩 묻어나는 구절을 이해하기 어렵다. 마찬가지로 미국 문화에 대한 일반적인 이해가 결여되어 있을 때 우리는 그들의 문화가 담겨있는 어휘와 표현들을 쉽게 이해하지 못한다. 미국을 뒤집어서라도 살펴보아야 할 이유는 여기에도 있다. 하지만 그런 중에도 미국 안에서나 밖에서나 영어 배우기에 대한 필요성을 제대로 인식하지 못하고, 미국 문화를 이해하고 수용하기 위한 바른 자세를 갖추지 못한 사람들은 아무리 혀를 자르거나 늘여도, 어학연수를 몇 번씩 다녀와도, 미국에서 수십 년을 살아도 여전히 영어에 서투른 상태로 남을 것이다.

미국의 막강한 정치경제력, 언론과 출판계가 갖는 세계적인 영향력 그리고 미국 대중문화의 엄청난 흡수력을 바탕으로 미국 영어는 계속해서 세계를 한 묶음으로 만들어 나갈 것이다. 미국 영어가 계속 확산되는 이유는 미국이 모든 면에서 남들보다 앞서 가고 있기 때문이지만, 역으로 미국 영어의 계속적인 확산 그 자체가 미국이 남들보다 앞서 나가는 데 도움을 주고 있다고 할 수 있다.

영어가 세계의 공통언어로 되면서 많은 언어들, 특히 문자가 없는 많은 부족언어들이 곧 사라질 것이라는 것이 언어학자, 사회학자들의 전망이다. 그래서 사람들은 또 걱정하고 비난한다. 미국의 상업주의와 일방적 패권주의가 다른 문화의 고유성, 정체성을 파괴해가고 있는 중에 이제 언어마저도 영어가 군림하면서 각국의 언어와 문화유산을 소멸시키고 있다는 것이다. 그것이 사실이라면 정말 우려할 일이다. 아무리 세계화가 좋고 미국 것이 좋다고 해도 온 세상이 한 가지 색깔로만 칠해진다면 어쩐지 섬뜩해진다.

그러나 원하든 원치 않든 세계는 동질화의 길을 가고 있다. 그래서 만일 세계의 문화지도가 언젠가 한 색깔로 칠해질 수밖에 없다면, 또 세계인의 언어가 궁극적으로 한 가지로 통일될 수밖에 없다면, 그것이 중국 문화나 스페인어 또는 다른 어떤 문화나 언어로 통일되는 것보다 미국 문화, 미국 영어로 통일되는 것이 오히려 다행한 일일지 모른다. 미국은 처음부터 세계의 다양성을 포용해 온 나라이기 때문이다. 여러 부분에서 남들보다 반 발자국쯤 앞서 가고 있는 미국의 문화를 이해하기 위해서 미국 뒤집어보기를 계속한다.

중앙이 없는 나라

다른 여러 나라들과 비교해 볼 때 미국은 독특한 점을 많이 가지고 있다. 그 중의 하나로 미국에는 중앙과 지방의 차이가 두드러지지 않는다는 점이다. 많은 나라들은 인구가 많은 대도시를 수도로 삼고 있어 국가의 힘이 수도라는 중앙에 집중되는 현상을 보이고 있다. 특히 한국은 '한국＝서울'이라는 등식이 성립할 정도로 모든 것이 지나치게 서울에 집중되어 있다.

그러나 미국은 그렇지 않다. 엄격히 말해서 미국에는 중앙이라는 개념이 없고, 오직 여러 지방 또는 지역만 있다고 하는 것이 맞을 것이다. 그래서 수도인 워싱턴에 백악관이 있고 정부관청들이 있지만 그렇다고 그곳을 반드시 중앙이라고 하지 않는다. 또, 뉴욕이나 L.A.같이 인구가 많고 도시가 크다고 해서 이를 중앙이라고 하지도 않는다.

전통적으로 정치, 경제, 교육, 문화활동이 어느 한 지역에 집중되지 않고 전국에 분산되어 왔기에 미국에는 도시와 시골의 차이가 두드러지지 않고 동서남북이 고르게 발전할 수 있었다. 원래 미국이 시작되었던 대서양 연안의 동부 지역에 비하면 서부는 한참 뒤늦게 개발되었지만, 현재 동서의 격차는 전혀 없다. 또, 역사적 배경 때문에 북부에 비해서 남부가 산업화에 조금 뒤졌다고 평가되기도 하지만, 그 남북 격차도 대부분 해소되었다고 할 수 있다.

미국의 하원의원은 지역마다 인구비례로 선출되지만 권한과 지위가 더 높다고 여겨지는 상원의원은 주의 크기나 인구에 관계 없이 각 주에 두 명씩을 선출하게 되어 있다. 그래서 인구가 3천만 명이 넘는 캘리포니아 주나 50만 명도 채 안 되는 와이오밍 주나 똑같이 두 명의 상원의원을 선출한다. 이것은 각 주가 동등하다는 것을 상징하며, 이로써 정치권력의 집중이나 편재가 방지되고 따라서 나라 전체가 정치적으로 균형을 이루고 있다.

미국도 각 지역이 나름대로의 독특한 분위기를 갖고 있고, 주민들의 기질도 지역에 따라 차이를 보이는 것은 물론이다. 남부 사람들이 다소 보수적이고 배타적인 성향을 보인다든가, 텍사스 사람들은 고집이 세고 줏대가 있다든가, 뉴요커들은 이렇고, 뉴잉글랜드 사람은 저렇고, 중서부 사람들은 어떻고,

캘리포니아 사람들은 어떻다는 등의 통념이 있지만 이런 것들이 사회적인 이슈가 될 정도로 심각하지 않다. 그런 지역적인 개별성을 부정하는 것이 아니라 지역적인 편중현상이 두드러지지 않는다는 것을 지적할 뿐이다.

미국도 연방정부라는 중앙정부가 있지만, 각 주가 엄격한 자치를 시행하고 있기 때문에 중앙정부의 힘이 막강하거나 비대하지 않다. 한국에서는 아직도 옛날 과거시험 보듯이 각종 선발시험이나 자격시험을 중앙정부가 주관하고 있지만, 미국에서는 공직은 물론 의사, 변호사, 회계사 등을 선발하는 절차가 주 정부의 자치로 이루어지고 있다. 한국에서 정부가 관장하는 많은 사항을(국립대학, 국립병원, 국립 연구기관, 훈련기관, 복지기관 등) 미국에서는 지방자치단체나 민간인이 담당하고 있어서 '중앙집중'이 원천적으로 배제되고 있다.

미국의 산업도 각 지역이 갖는 자연적, 지리적 특성을 바탕으로 거기에 적합한 분야와 업종이 발전되어 왔는데, 역시 중앙에 집중되지 않고 여러 지역에 흩어져 발전해 왔다는 것이 미국의 특성이자 강점이다. 앞서 말했듯이 한국에서는 대기업이란 대기업은 대부분 서울에 본거지를 두고 있지만, 미국에는 시골에 본사를 둔 기업들도 많다.

필자가 사는 일리노이의 블루밍튼이라는 중소도시에 스테이트팜(State Farm)이라는 미국 굴지의 보험회사 본사가 있듯이 IBM은 뉴욕 주의 아먼크라는 곳에 본사를 두고 있고, 월마트는 아칸소의 벤턴빌이라는 곳에, GE는 코네티컷의 페어필

드에, 코닝은 뉴욕 주의 코닝에, 뒤퐁은 델라웨어의 윌밍턴에, 나이키는 오리건의 비버턴에, 제록스는 코네티컷의 스탬퍼드에, 켈락은 미시건의 배틀크릭에, 캐터필러는 일리노이의 피오리아에 등등, 많은 대기업이 잘 알려지지 않은 조그만 마을에 본거지를 두고 있다.

미국에도 대도시에 큰 상점이 많이 몰려 있는 것은 사실이다. 하지만 미국에서는 일찍부터 우편판매나 지면판매(catalog sales), 온라인판매가 발달되었기 때문에 물건을 사기 위해 사람들이 한 곳으로 몰리지 않아도 되었고, 따라서 상거래나 경제행위가 중앙에 집중되지 않게 되었다. 미국에서 각종 체인점이나 프랜차이즈(franchise) 영업이 성행하게 된 것은 땅이 넓기 때문이기도 하지만, 그것이 중앙으로의 집중을 방지하는 역할로 작용한 것도 사실이다.

미국의 큰 은행들도 원래 각 지역에서 출발한 지방은행이었다. 시티뱅크나 체이스-맨해튼 은행이 동부 뉴욕의 지방은행이었고 뱅크어브어메리카나 웰즈화고은행 등은 서부 캘리포니아의 지방은행이었는데, 불과 몇 년 전에 은행의 전국적인 영업이 허용되자 전국은행으로 변모하게 된 것이다. 아직도 미국의 중소도시나 시골 마을에는 점포가 몇 개 안 되는 작은 은행들이 구멍가게처럼 수천 개나 깔려 있다.

미국의 신문들도 대부분 지방신문으로 존재하고 있다. 「워싱턴포스트」나 「뉴욕타임스」「시카고트리뷴」이나 「L.A.타임스」 등은 세계적으로도 권위 있는 신문들이지만, 그 이름 앞에 각

각 도시 이름을 달고 있는 것에서 짐작할 수 있듯이 모두 지방 신문들이다. 그래서 「시카고트리뷴」지의 스포츠란을 보면 시카고 지역 고등학교 팀들의 경기소식이 나오고, 「뉴욕타임스」의 광고란을 보면 뉴욕 부근에서 팔려고 내 놓은 중고차들 얘기가 등장한다. 현재 미국에서 발간되는 전국지로는 「USA Today」와 경제지인 「월스트리트저널」뿐이다. 미국에는 인구가 수만이나 수천밖에 안 되는 작은 마을에서도 신문이 발행되고 있다.

미국의 라디오와 TV방송도 각 지역에 흩어져 있음은 말할 것도 없다. NBC, CBS, ABC, FOX 등 미국 전역에 방송되는 네트워크가 있지만, 이들은 아침, 저녁 중요시간대의 전국/국제 뉴스나 오락 프로그램만 제작하여 지역방송국에 배포할 뿐이고, 나머지 프로그램은 모두 지역방송국들이 자체적으로 운영하고 있다.

스포츠 팀이 일찍부터 각 지역을 연고지로 경쟁해 온 것도 미국의 균형 있는 발전과 관계가 있다. 물론 스포츠 팀들도 큰 도시를 중심으로 활동하게 되지만, 미국에서는 어떤 지역이 새로 발전하게 되면 그곳에 새로운 스포츠 팀이 생기고, 또 대도시에 몰려 있던 팀이 새 도시로 옮겨가기도 하는 등 결국 스포츠 면에서도 균형 있는 발전이 이루어지고 있다. 일찍이 뉴욕에서 양키즈와 대결하던 브룩클린 다저스와 뉴욕 자이언츠 야구팀이 서부지역이 개발되자 각각 L.A., 샌프란시스코로 이전한 것 등이 그 예다.

툭하면 '××기 쟁탈 전국OO선수권대회'가 서울에 집중되어 열려 왔던 한국과 달리 미국에서는 각급 학교 스포츠도 모두 지역 스포츠로 육성되고 있어 스포츠의 저변 확대, 풀뿌리와 꿈나무의 발굴 및 육성에도 큰 몫을 담당해 왔다. 지역적으로 근접한 학교들은 리그나 컨퍼런스라는 동아리를 만들어 경기를 치르고 있는데, 일찍이 하버드, 예일 등 동부의 명문사립 8개 대학에서 시작되었던 아이비리그를 비롯해서 Big10, Pac10, ACC, SEC, Big12 등 대학 컨퍼런스들이 치열한 경쟁을 벌이고 있다. 그 결과 프로팀은 물론 각급 학교의 체육시설도 저절로 확충되어 미국에는 올림픽 수준 또는 이에 버금가는 경기장, 체육관들이 전국 곳곳에 깔리게 되었고, 한쪽에만 치우치지 않는 균형된 미국을 이룰 수 있었다.

미국에는 또한 크고 훌륭한 대학들이 전국의 구석구석에 자리잡고 나름대로 발전해 왔으며, 이 역시 미국의 균형 있는 발전에 큰 역할을 담당했다. 물론 미국 역사의 원점인 동부 지역에 오래된 대학들이 다소 몰려 있긴 하지만, 전국에 흩어져 있는 각 대학들 또한 오랜 학문적 전통을 이어 오면서 미국이라는 힘의 바탕을 이루어 왔다. 미국의 대도시마다 유명한 대학들이 있지만 예일, 프린스턴, 듀크, 스탠포드, 코넬 대학 등과 같은 명문 사립대학들과 기타 유수한 주립대학들이 중소도시나 작은 시골에도 자리잡고 있다.

미국에서는 교육도 지방마다 자치권에 따라 실시되고 있다. 그 결과 학교 운영방식이나 교육방침 또한 지역에 따라 다르게 운영되고 있는데, 이는 획일화의 극단을 보이고 있는 한국의 교육과 사뭇 다른 모습이다. 재미있는 것은 미국은 땅도 넓고 지역도 다양해서 방언이 다양하고, 독특할 법한데 사실은 그렇지 않다는 점이다. 남부 방언과 흑인 사투리 등이 다소 두드러지긴 하지만 그 밖의 뉴욕 사투리, 보스턴 사투리, 캘리포니아 방언 등은 다른 나라처럼 심하지 않다는 평이다.

뉴욕필하모닉, 시카고심포니, 보스턴팝스, 클리블랜드 오케스트라, 필라델피아 오케스트라 등 세계 굴지의 대교향악단에서부터 작은 시골 마을의 청소년 오케스트라나 커뮤니티 밴드에 이르기까지 미국에서는 음악소리도 구석구석에서 울리고 있다. 또, 이렇게 각 지역에 흩어져 있는 문화예술단체들이 국립이나 주립, 시립으로 운영되는 것이 아니라 민간단체로 활동하고 있다는 사실이 힘을 고르게 하는 요인이 되고 있다.

미국에 중앙이 없다는 말은 정치, 경제, 교육, 언론, 스포츠 등 많은 분야의 힘이 한 곳에 집중되어 있지 않다는 것을 의미한다. 미국은 각 지역이 그들만의 특색과 개성을 지니고서 발전을 모색하고 있어 힘을 키우는 방법과 모양이 각기 다르지만, 그 결과 나라 전체의 힘은 보편화되어 있다. 여기서도 다수로부터 하나를 이룬다는 미국의 뜻과 노력을 읽을 수 있다.

이렇게 미국의 많은 부문이 중앙에 집중되지 않고 고르게 발전하게 된 것은 우선 땅이 넓기 때문이라고 말할 수 있다. 어쨌거나 미국은 구석구석에서 각 분야마다 튼튼한 뿌리가 내려지고 기초가 다져질 수 있었기에 국토의 균형적 발전을 이룰 수 있었으며, 이를 토대로 국력을 키워 왔다. 중앙을 드러내고 나면 남는 게 없을 것 같은 다른 여러 나라들과는 다르다. 우리도 빨리 '한국＝서울'의 등식에서 벗어나야 하겠다.

유명한 나라

하버드, 예일, 스탠포드, 밴더빌트, 존스홉킨스, 줄리아드 등은 우리에게도 잘 알려져 있는 미국의 대학이다. 포드, 힐튼, 휼렛패커드, 다우존스, 메릴린치, 맥도널드, 켈락, 캘러웨이, 델, 스타인웨이, 배스킨라빈스 등은 미국의 유명한 회사, 상호, 상표 또는 상품들이다. 그런가 하면 오헤어, J.F.K., 라구아디어, 레이건, 달라스 등은 미국 대도시의 공항이고, 쉐이, 뤼글리, 휀웨이, 터너, 램보, 조루이스 등은 운동경기장이다.

그런데 이 학교 이름, 회사 이름, 상표 이름, 공항 이름, 경기장 이름은 모두 사람의 이름에서 비롯된 것이다. 미국의 지명이나 길거리 이름도 대통령이나 기타 훌륭한 인물의 이름을 따서 지은 것들이 많이 있다. 학교 이름 자체도 그렇지만, 그

17

안에 있는 건물도 '아무개 Hall'이라고 사람의 이름을 따서 짓는다. 소송사건이나 법안의 이름도 관계된 사람들의 이름을 따서 짓는 경우가 많다. 그 밖에도 디즈니 월드, 풀브라이트 재단, 스미스소니언 박물관, 퓰리처상, 웹스터 사전, 링컨센터, 카네기홀, 케네디센터, 메이요 병원, 후버 연구소, 토니상 등의 수많은 명칭이 사람의 이름에서 가져온 것이다.

한국에도 세종로, 을지로, 충무로 같은 길 이름이 역사적인 인물과 관련된 이름이지만(북한의 김일성 대학 같은 이름도 아직은 흔치 않다), 일반적으로 사람의 이름을 여러 곳에서 쉽게 볼 수는 없다. 그러나 미국인들은 이렇게 여러 가지 사물의 이름을 지을 때, 관련되는 사람 또는 그들이 존경하는 훌륭한 사람들의 이름을 따서 짓기를 좋아한다. 그래서 곳곳에 사람 이름이 널려 있는 미국이기에 '유명(有名)한' 나라라고 불러 본다.

한국 문화가 사람 이름 부르기를 꺼려하는 문화라면 미국의 문화는 그와 정반대로 이름 부르기를 너무나도 좋아하는 문화라고 할 수 있다. 미국은 개인 중심주의와 만인평등의 이념이 바탕에 깔려있는 사회이기에 처음부터 이름 부르기를 좋아하게 된 것 같다. 따라서 미국을 알기 위해서는, 미국의 문화를 익히려면 그리고 (미국)영어를 배우기 위해서는 우선 이름 부르는 것과 이름 불리는 것에 친숙해져야 한다.

어느 나라에서나 가족의 성(姓)이 대대로 내려가는 것이 일반적이지만, 많은 미국인들은 자신의 '이름'을 자손에게 물려주는 경우가 많다. 그래서 *Ken Griffey*라는 아빠가 자기 아들의 이름도 Ken이라고 지어 주면 아들의 이름은 Ken Griffey, Jr.라고 끝에 Jr.(Junior를 줄인 말)라는 꼬리가 붙게 된다. 그래서 Davis Love III라는 이름은 그 할아버지와 아버지의 이름도 Davis Love 라는 것을 알 수 있고, Davis Love the Third라고 읽는다.

아버지의 이름을 아들에게 물려주는 것은, 그 옛날 이름이 곧 성이었던 때에는(즉, 성이라는 것이 확실히 자리잡기 전에는) 아주 자연스러운 일이었다. 어떤 사람이 John이라는 이름으로 불렸다면 그 자손을 John's son이라고 불렀을 것이고 그것이 줄어들어 Johnson이나 Johns라는 성으로 굳어졌을 것임을 짐작할 수 있다. 영미 계통이나 다른 유럽인들의 이름에서도 그런 흔적이 남아 있는 것을 쉽게 찾아 볼 수 있다.

그 예로 Anderson, Gibson, Jefferson, Johnson, Jackson, Robinson, Stevenson 등의 이름에서 son을 확실히 구별해낼 수 있다(son은 독일계에서는 Mendelssohn, 북유럽에서는 Johansen 처럼 지역에 따라 변형된다). 또, Adams, Andrews, Jones, Roberts, Williams와 같은 성들은 원래 이름에 s가 붙어서(소유격의 s와 비슷한 의미) 성이 된 것임을 짐작할 수 있다. Fernandez, Martinez, Rodriguez, Sanchez 등과 같이 z로 끝나는 스페인어 계통의 성들도(s로 끝나는 영미 계통의 성과 마찬가지로) 원래 어떤 이름의 후손이라는 의미가 담겨 있고, 또 Stokowski, Tchaikovsky 등과 같이 i나 y로 끝나는 러시아나 동구 계통의 성도 마찬가지라고 한다. 그러다 보니 영미의 Johnson이라는 성이 동구쪽으로 가면 Ivanovich로 바뀌게 된다는 것까지 눈치챌 수 있게 된다.

서양인들의 성이 원래 어떤 이름의 자손(또는 어느 지역 출신)이라는 의미를 갖는 경우는 이 밖에도 아일랜드 계통의 O'Conner, O'Hara, O'Neil같이 O'(of를 줄인 것)로 시작하는 성이나 McDonald, McGregor, Macmillan같이 Mc 또는 Mac으로 시작하는 성, 또 Fitzgerald, Fitzpatrick같이 Fitz로 시작하는 성이 있다. 또, 영어의 of에 해당하는 de(프랑스), di/da(이탈리아), von(독일), van(네덜란드) 등의 전치사가 들어가는 성에서도 볼 수 있다. Charles de Gaulle, Leonardo da Vinci, Joe DiMaggio, Herbert von Karajan, Vincent van Gogh가 그 예다.

서양의 문화가 원래 기독교 중심이었기 때문에 미국인들의 성과 이름 중에는 성경의 인물에서 빌려온 것들이 많다. Adam, Andrew, Daniel, David, Jacob, James, John, Joseph, Matthew, Michael, Paul, Peter, Philip, Samuel, Stephen, Thomas, Timothy 등의 남자 이름이나 Deborah, Elizabeth, Eve, Mary, Naomi, Rachel, Rebecca, Ruth, Sarah 등의 여자 이름이 모두 성경에서 비롯된 아주 보편적인 이름들이다. Christian, Christopher, Christine같이 직접 Christ에서 따온 성이나 이름도 많이 있다.

미국/서양인들의 성과 관련해서 우리가 또 한 가지 쉽게 눈치챌 수 있는 사실은 그들의 성 가운데 많은 것들이 직업을 나타내는 말이라는 것이다. 이것 역시 성과 이름이 오늘날의 모양으로 자리잡기 이전에는 하는 일에 따라 사람들을 불렀으리라는 점에서 짐작할 수 있다. 따라서 Baker, Barber, Brewer,

Butcher, Butler, Carpenter, Chamberlain, Cook, Cooper, Farmer, Fisher, Gardner, Hunter, Marshall, Mason, Miller, Plumber, Shoemaker, Slaughter, Smith, Taylor 등의 성을 가진 사람의 조상이 한때 어떤 직업을 가졌었는지를 짐작할 수 있다.

재미있는 것은 Halfacre, Thirtyacre, Moreland, Rich, Richfield, Richman, Poor 등의 성에서는 그 사람들의 농토나 재산 상태를 짐작할 수 있고, Black, Brown, Green, White나 Long, Longfellow, Short, Armstrong 등의 성에서는 그들의 피부 빛깔이나 생김새가 어땠는가를 짐작할 수 있다. 또, Brook(s), Eastwood, Hill(s), Middleton, North, River(s), Underwood, Updike, Wood(s) 등의 성을 보면 어디에서 살던 사람이었는지도 알 수 있다. 그런가 하면 Candy, Coffin, Dull, Monday, Peoples, Roach, Savage, Strange, Swindle 등과 같이 우리가 보기에는 아주 이상한 성도 있다.

이렇게 서양에서는 직업이나 생김새 등을 사람 이름(성)으로 사용하고 있지만, 이는 전통적으로 직업의 귀천이 뚜렷하게 구별되어 왔고, 체면과 외양에 대하여 각별한 관심을 가져 온 한국 사회에서는 찾아보기 힘든 일이다. 가령, 도살(屠殺)업에 종사했던 사람으로부터 Butcher나 Slaughter라는 성이 생겼지만, 한국이라면 차마 도(屠)씨나 살(殺)씨 같은 성을 만들 수 없었을 것이다. 도살하는 사람은 필요하고, 그렇다면 그런 사람을 다르게 보아야 할 이유가 없다는 것이 그들의 평평한 사고방식이다. 여기서도 커다란 문화의 차이를 본다.

동질성, 획일성이 뚜렷한 한국에는 성씨도 300여 개에 불과

하지만, 미국은 세계 각국으로부터 이주해 온 온갖 인종이 살고 있으므로, 세계의 모든 성이 미국에 다 모여 있다고 해도 과언이 아니다. 따라서 미국에는 미국인들에게조차도 철자와 발음이 아주 까다로운 성이 많이 있다. 특히 미국에서 오래 살아온 사람들은 Hyun, Xiang, Pham, Srivastava, Abdelaziz, Mfume과 같은 최근 동양이나 아프리카 출신의 이름을 발음하느라 곤욕을 치르고 있다.

많은 미국인들은 부모를 제외한 거의 모든 사람을 이름으로 지칭하고 있다. 형제자매는 물론 조부모, 숙부모, 빙부모, 시부모까지도 이름을 부르는 사람들이 많다. 한두 번 만나서 알게 된 사람들도 서로 이름을 부르며 대화를 한다. 반면에 한국 사회에서는 김 사장, 이 과장, 최 박사, 박 교수처럼 성과 직책만으로 사람을 지칭하여 이름이 사라져 버리는 경우가 많다. 결혼해서 아이를 낳은 여자를 아무개 엄마라고 부르는 것도 같은 맥락이다.

음절이 긴 이름인 경우 미국인들은 이를 짧게 줄여 부르기를 좋아하는데, 이 역시 합리적이고 간편하며 실용주의적인 그들의 생활철학을 반영하는 것이다. 이 때문에 미국인의 가장 보편적인 이름은 대부분이 1음절이나 2음절로 줄인 별칭(nickname)으로 불리고 있다. 원래 윌리엄(William)인 클린턴 전 대통령도 빌(Bill)이라는 애칭/약칭으로 불리고 리차드 체니(Richard Cheney) 부통령도 딕 체니(Dick Cheney)로 불린다. 이렇게 친한 사이에서 이름이나 단음절의 애칭을 부르는 관계를

'on a first-name basis' 또는 'on a first-syllable basis'라고 이른다.

　때로는 단음절 이름이 너무 단순하다고 생각해서 그러는지 미국인들은 이름 끝에 'ㅣ'모음의 음절을 추가하여 애칭을 만들기도 한다. 제임스(James)를 짐(Jim)으로 줄였다가 다시 지미(Jimmy)라고 부르고, 윌리엄(William)을 빌(Bill)로 빌(Bill)을 다시 빌리(Billy)로, 로버트(Robert)를 밥(Bob)으로 밥(Bob)을 다시 바비(Bobby)로 부르는 경우가 그러하다.

　또한, 미국인들은 개나 고양이 같은 애완동물에 이름을 붙여 주는 것은 물론이고, 이야기나 만화, 책이나 영화 등에 나오는 동물에도 꼬박꼬박 이름을 (그것도 사람 이름으로) 지어 준다. 벅스 버니(Buggs Bunny), 도날드 덕(Donald Duck), 가필드(Garfield), 구피(Goofy), 커밋 개구리(Kermit the Frog), 미키 마우스(Mickey Mouse), 톰과 제리(Tom and Jerry), 토니 호랑이(Tony the Tiger), 곰돌이 푸(Winnie the Pooh), 요기 곰(Yogi Bear) 등등이 그 예다.

　미국인들은 이렇듯 이름 부르기를 좋아한다. 그래서 이름을 여러 곳에 남긴다. 우리에게도 '호랑이는 죽어서 가죽을 남기고, 사람은 죽어서 이름을 남긴다'는 속담이 있지만, 실제로는 이름 부르는 데도 인색하고 이름을 남기는 데도 주저하는 것이 아닌지 모르겠다. 그들과 교류하면서 그들의 이름을 잘 불러야 하겠고, 또 그들이 우리들의 이름을 부르는 것에 대해서도 불편하게 생각하지 말아야겠다. 물론 그들이 우리 식의 호칭을 따라야 할 때도 있겠지만 말이다.

지금도 계속 굴러가고 있는 나라

등록된 차량의 숫자만 2억 대가 넘는 미국은 세계에서 자동차가 제일 많이 굴러다니는 나라다. 이렇게 전세계 자동차의 절반 이상이 굴러다니고 있는 미국은 자동차의 나라라고 할 수 있다. 미국은 또 도로의 총 연장도 세계에서 단연 최고이다. 고속도로를 비롯해서 국도, 주도, 군도, 지방도 등 미국 전역에 거미줄같이 깔린 도로의 총 길이는 (사유도로를 제외하고도) 4백만 마일에 달하고 있으며, 이는 지구 둘레를 157바퀴나 돌 수 있는 거리이자 지구에서 달까지 여덟 번이나 왕복할 수 있는 거리이다.

이래저래 자동차와 미국은 떼려야 뗄 수 없는 천생연분의 관계인 것 같다. 자동차는 미국의 특성, 미국인들의 사고와 생활양식에 딱 들어맞는다고 할 수 있다. 땅이 넓다는 것, 일찍 산업화에 성공할 수 있었다는 것 등이 미국을 자동차의 나라로 만들었지만, 아울러 미국인들이 개인의 자유와 사생활을 중시하고 실용성을 추구하며 탐구심이 강하고 여가생활을 즐긴다는 것 등도 자동차의 용도와 기능에 들어맞는다.

자동차 얘기를 하기 전에 한 가지 지적할 것은 자동차가 등장하기 전에는 (특히 미국·서양에서는) 마차가 자동차의 구실을 해왔다는 사실이다. 이는 자동차에 관련된 많은 영어 표현이 원래 말이나 마차에 관한 표현에서 비롯되었다는 점으로도 이해할 수 있다. 영어에서 '앞뒤가 바뀌다(put the cart before the horse)'라는 말이 있는데, 이는 말 뒤에 짐칸을 매달아야지 짐칸을 앞에 놓고 말을 뒤에 두면 안 된다는 뜻에서 나온 표현이다. 또, 지금도 차를 타고 가다가 설 때에 'pull over'라는 표현을 사용하는데 이것도 말이나 마차를 타고 다닐 때 고삐를 당겨 세우던 데서 유래한 말이다. 미국의 자동차 문화를 이해하기 위해서는 마차에 관한 문화를 이해해야 한다는 말이다.

'자동차'는 물론 동력장치가 있는 탈것을 의미하고, 영어로는 motor vehicle 또는 automobile이라고 한다. 따라서 vehicle이나 automobile은 바퀴가 두 개 달린 모터사이클에서부터 18개 달린 대형트럭에 이르기까지 모든 차량을 총칭하는 말이다. 우리가 오토바이라고 하는 motorcycle을 미국인들은 그냥 bike라고도 하는데, 미국에서는 댕기머리나 문신을 한 사람들이 가죽옷을 입고 떼를 지어 bike를 타고 질주하는 모습을 흔히 볼 수 있다.

하지만 스피드나 박진감보다 안락함과 느긋함을 추구하는 사람이라면 R.V.(recreational vehicle) 여행을 즐긴다. 버스같이 생긴 차에 취사시설, 침대, 샤워, 화장실 등을 갖추어 놓은 R.V.는 많은 미국인들이 소유하고 싶어하는 차량이다. R.V.는 아무 데서나 먹고 잘 수 있어 편리할 뿐만 아니라 미국의 명소와 유원지 부근에는 R.V. 여행객들을 위하여 필요한 전기, 물 등을 공급해 주고, 오물처리를 할 수 있는 시설이 잘 갖추어져 있다. 실용주의를 중시하는 그들은 이렇듯 R.V.를 일반에게 보급하기 위한 부대시설을 구비해 놓는다. 진입로 같은 필수 시설도 마련하지 않고 아파트 단지를 지어놓기만 하는 우리와는 다르다.

미국에도 여러 종류의 버스가 있지만 고속버스는 좀처럼 눈에 띄지 않는다. 그러나 노란색의 투박하게 생긴 스쿨버스는 자주 볼 수 있다. 전국의 초·중·고생들이 이용하는 스쿨버스는 미국인들이 안전 우선순위 1위로 여기는 차량이다. 미국의 스쿨버스는 투박하게 생겼지만 아주 튼튼하게 만들어졌고, 가장 눈에 잘 띄는 노란색을 칠해 놓고 있다. 또, 학생들을 승하차시키기 위해 서 있는 스쿨버스를 추월해 가면 가장 많은 벌금이 부과된다. 어린이들을 보호하려는 그들의 인명중시 성향이 이런 안전 제일주의를 낳은 것이다.

흔히 앰뷸런스(ambulance)라고 부르는 미국의 구급차는 그

전면에 AMBULANCE라는 말을 뒤집어 써놓았는데, 이는 차를 운전하고 갈 때 뒤따라오는 운전자가 후사경(後射鏡, rear-view mirror)을 통해서 AMBULANCE라는 말을 정확하게 읽을 수 있도록 하기 위해서이다. 또한 긴급 사태가 일어나서 구급차나 경찰차, 소방차가 출동할 때는 불을 켜고 사이렌을 울리는데, 이때 일반 차량은 모두 안전한 쪽으로 피해서 정차해야 한다. 여기서도 안전제일(safety first)을 철저하게 추구하는 그들의 모습을 엿볼 수 있다.

그런가 하면 그들의 합리적 실용주의는 우편배달 차량(mail truck)의 운전석을 우측에 설치해 놓고 있는 데서도 엿볼 수 있다. 미국의 차량은 앉았을 때 좌측에 운전대가 있지만, 우편배달 차량만은 우편물 취급의 편의를 위해 운전대를 우측에 두고 있는 것이다.

미국에서 일반 승용차가 보편화된 것은 헨리 포드(Henry Ford)가 1909년 T모델이라는 승용차를 개발하여 보급하면서부터 시작됐다. 그 이후 미국의 자동차 산업은 디트로이트를 중심으로 빅3라고 불리는 제너럴모터스, 포드, 크라이슬러가 이끌어 왔다. 하지만 크라이슬러는 메르세데스 벤츠(Mercedez-Benz)로 유명한 독일의 다임러사와 합병되어 지금은 다임러크라이슬러가 되어 있다.

선택의 나라 미국에는 자국산 자동차만도 서민용의 쉐비(Chevy, 쉐브럴레이의 약칭) 같은 차에서 캐딜락이나 링컨 같은 고급차에 이르기까지 수백 종에 달하는데, 여기에다 외국에서 수입된 차도 엄청나게 많다. 대중용의 혼다(Honda), 도요타(Toyota), 현대(Hyundai), 기아(Kia), 대우(Daewoo)에서부터 값비싼 벤츠(Benz), BMW, 렉서스(Lexus) 그리고 초호화 차종인 벤틀리(Bentley), 롤스로이스(Rolls Royce), 페라리(Ferrari), 포르셰(Porsche), 램보기니(Lamborghini), 로터스(Lotus) 등이 그것이다.

그러나 어떤 차를 몰든 교통규칙을 잘 지켜야 함은 물론이다. 서울을 비롯해서 멕시코시티, 상하이, 뭄바이, 방콕 등지가 교통이 험하기로 악명 높지만, 미국도 (특히 대도시에서는) 교통체증이 심하고 법규위반이나 사고 등이 빈번히 발생하고 있다. 미국에서 한 사람이 일 년에 교통체증 때문에 길에서 버리는 시간은 평균적으로 36시간에 달하고, 이렇게 길이 막히는 바람에 연료소모, 생산성 감소, 시간낭비 등으로 날아가는 비용은 한 해에 총 780억 달러에 달한다고 한다(참고로 한국의 연간 교통혼잡 손실액은 약 100억 달러이다).

미국에도 회전금지구역에서 회전하거나, 빨간 불에 서지 않고 그냥 지나가거나, 일방통행 길을 거꾸로 달리는 사람들이 있지만, 대부분의 운전자들은 비교적 교통규칙을 잘 지키는 편이라고 할 수 있다. 교통질서가 더 어지럽다는 한국의 경우에는 가령 '우선 주행권(right of way)'도 모르는 운전자가 많아 보인다. 우선 주행권은 회전하는 차보다 직진하는 차, 보조도로에 있는 차보다 간선도로에 있는 차에 주어지고 경찰차, 구급차 등 또한 우선 주행권이 있음은 물론이다. 게다가 '한국에서는 교통규칙을 다 지키면서 운전할 수는 없다'는 위장된 정당성이 팽배해 있다. 결국 건전한 자동차 문화나 운전 문화의 부재가 한국을 교통사고율 및 사망자 수에서 세계 2위의 교통 지옥으로 만들고 있다.

미국에서는 자동차가 필수적이기 때문에 대부분의 주(州)가 누구나 15세부터 운전연습을 시작해서 만16세에 면허를 취득할 수 있도록 하고 있다. 그렇게 해서 운전을 시작한 미국인들은 40세쯤 되면 25년 정도의 운전경력을 갖게 된다. 반면 한국은 운전에 관한 한 아직도 그 역사가 짧다. 한국에서 너도나도 차를 굴리게 된 것은 15년 전후의 일이다. 한국의 운전자들 대부분이 1세대 또는 2세대 운전자들이다. 한국에 운전경력이 20, 30년 된 사람이 많지 않다는 사실은 대부분이 초보운전자나 연습운전자라는 말이 된다.

그런데 오랜 마차문화의 뒤를 이어 약 100년의 자동차 문화를 일구어 온 미국이라 그런지 다른 곳에서 험하게 운전하던 사람도 일단 미국에 오면 교통규칙을 비교적 잘 지키게 된다고 한다. 과학적으로 검증된 사실은 아니겠지만 어쨌든 이런 얘기를 들을 때 미국이라는 시스템이 동화력, 흡수력을 갖고 있다는 것, 그리고 거친 것을 순화(醇化)하는 기능을 한다는 것을 다시 보게 된다. 실용과 편의를 얻기 위해서도 규율이 앞서 지켜져야 함은 물론이다.

미국의 자동차 번호판은 50개 주가 저마다 고유한 디자인을 채택하고 있다. 번호는 통상 당국이 지정해 주지만, 미국의 많은 주에서는 차량번호도 개인이 고를 수 있도록 하고 있다.

그래서 사람들은 글자와 숫자를 조합하여 여러 가지 재치 있는 표현을 만들어 달고 다닌다. ICU2(I see you, too), IM B4U(I am before you), UR GR8(You are great), UR 6E(You are sexy), YRU NVS(Why are you envious?), CUL8R(See you later) 등등. 또 많은 미국인들은 차의 뒤 범퍼에도 여러 가지 말귀를 써 붙이고 다니는데, 이를 범퍼 스티커(bumper stickers)라고 한다. 학교에서 학생들을 가르치는 필자에게 기억에 남는 범퍼 스티커 중의 하나는 "당신이 이런 글을 읽을 수 있는 것도 다 선생님 덕분이니 고마운 줄 알라(If you can read this, thank your teacher)"이다.

자동차의 뒷부분에 견인을 위해서 달아 놓은 연결고리를 히치(hitch)라고 하는데, 지나가는 차를 얻어 타다(hitch 또는 hitchhike)라는 뜻으로 쓰인다. 지금도 미국의 도로상에서는 가끔 종이판에 'L.A. or Bust' 같은 말을 써놓고 지나가는 차들에게 보이면서 히치하이킹을 하려는 사람들이 눈에 띄는데, "나는 지금 L.A.로 가야 되는데 태워 주십시오. L.A.에 못 가면 나는 끝장입니다"라고 애걸하는 표현이다.

자동차에 관한 이런 얘기들은 혹 하찮게 들릴 수도 있다. 그러나 이런 것들이 미국인들의 생활 철학과 가치관을 담고 있는 한 단면이고, 미국 문화의 한 편린(片鱗)이라는 점에서 둘러봄직하다. 어쨌거나 지금까지 인류가 이루어 놓은 여러 가지 일들 가운데 자동차만큼 인류의 생활을 크게 바꿔 놓은 것도 드물다고 하겠다. 자동차가 자신들의 생각과 행동과 생활방식에 딱 어울린다는 미국인들에게도 이제는 그 실용성의 이로움보다 그에 따른 병폐가 두드러지는 느낌인데, 자동차를 필요악(necessary evil)으로서가 아니라 필요선(necessary good)으로 이용할 수 있도록 안팎에서 지혜를 모아야 한다.

집 안팎 돌보느라 세월 다 보내는 나라

　　미국의 대도시 생활은 다른 어느 나라 대도시 생활과 크게 다르지 않다. 고층건물이 즐비하고 사람과 차량이 북적대고 따라서 교통이 혼잡하고 공기도 탁하다. 그래서 미국에 가서 대도시 언저리만 보고 온다든지 아니면 미국에서 살아도 대도시 주변에서만 생활한다면 정말 미국다운 모습이나 미국의 특징, 장점을 제대로 경험하지도 음미하지도 만끽하지도 못한다는 생각이 든다. 미국은 땅이 너른 나라이므로 대도시에서 북적대기만 하면 너른 땅의 진가를 제대로 인식할 수 없기 때문이다.

　　미국은 또 자유의 나라라고 한다. 미국 국가에도 '자유인의 땅(the land of the free)'이라는 말이 나오고, 또 미국인들은 대화 중에도 종종 농담 삼아 "이곳은 자유의 땅이지?(This is a free country, isn't it?)"하면서 미국이 자유의 나라임을 확인(?)하곤 한다. 9.11 테러로 미국인들이 그렇게 슬퍼하는 이유도 그 수천 명의 사람이 목숨을 잃었다는 점과 함께 그들이 가장 아끼고 기리는 '미국의 자유'가 유린되었다는 사실 때문이다.

한국도 개인의 기본권과 민주주의에 입각하는 자유의 나라임에 틀림없다. 그래서 한국인으로서는 미국이 한국보다 특별히 더 자유롭다는 것을 쉽게 느끼지 못한다. 아마 한국처럼 남자들이 꼭 군대를 가지 않아도 되고 예비군, 민방위 훈련에 얽매이지 않아도 되고 반상회 같은 데 불려 다니지 않아도 되고, 호적등본 같은 것을 떼어오라지도 않고 길거리 불심검문 같은 것이 거의 없기 때문에 미국이 조금은 더 자유롭다고 말할 수 있을지 모르겠다.

자유는 무엇보다도 신체적으로 아무런 구속을 받지 않을 때 느낄 수 있는 것이지만, 정신적으로 또는 단순히 기분만으로도 느낄 수 있는 것이라고 생각한다. 그래서 좁은 공간에서 많은 사람들이 부딪히며 사는 대도시 한복판을 떠나서 교외라든가 한적한 시골마을을 둘러보면 우선 그 너른 공간 때문에도 자유롭다는 생각이 더 들 수 있다. 특히 미국의 자유는 세상 어느 곳보다 너른 공간을 차지하고 사는 그들의 주거생활에서 느낄 수 있다.

미국인들은 대부분이 단독주택에서 살고 있다. 미국에도 도시 주변에 아파트(임대용)나 콘도미니엄(소유용) 등 집단 주거시설이 있지만, 한국에서처럼 아파트 단지라고 해서 고층 주거시설이 밀집해 있는 지역은 많지 않다. 미국의 아파트는 독신자들이나 집을 떠나 공부하는 학생들 또는 임시로 거주하는 사람들이 주로 이용하고 있다. 물론 저소득층들을 위한 아파트도 있고, 또 갓 이민 온 사람들이 자리를 잡을 때까지 아파트에서 사는 경우도 많다. 반면에 뉴욕 같은 대도시 중심가에는 초호화판 아파트나 콘도미니엄도 있는데 엄청나게 비싸기 때문에 부자들, 인기인들이나 들어가 살 정도이다.

한국에는 아파트의 종류도 많고 숫자도 엄청나게 많은데 다행인지 불행인지 대부분의 가정이 아파트를 보금자리로 살림을 꾸려가고 있다. 그러나 통상 미국에서 아파트나 콘도미니엄은 평범한 사람들의 보금자리는 아니다. 옆집이나 위아래층 또는 건너편 건물의 사람과 피할 수 없이 부딪히며 살게 되는 아파트 생활에는 자유는 있을지 모르나 프라이버시(privacy)라는 사생활의 안전과 안정은 너그럽게 주어지지 않는다.

IT산업이 가장 빠르게 확산되고 있는 곳이 한국이라는데 그 와중에 한국인들은 그나마의 프라이버시도 다 내던지고 있다. IT가 한국에서 꽃피고 있는 이유는 한국처럼 작은 나라가 미국처럼 큰 나라보다 정보통신망으로 묶는 것이 훨씬 쉽다는 점도 있지만, 모든 면에서 안락함과 편의를 추구하는 한국인들의 속성 때문이기도 하다. 거의 모든 것을 배달받을 수 있는 '택배(宅配)문화'에서는 자장면이 얼마나 빨리 배달되느냐 하는 것이 큰 관심사이기에 프라이버시고 뭐고 빠르고 편하기만 하면 된다. 따라서 한국에서는 휴대전화, 인터넷, 전자우편, 신용카드, PDA, 전자상거래 등이 알게 모르게 개인의 사생활을 다 드러내고 있다.

식구들이 한 방에서 복작거리고 살던 우리네들, 그리고 사전에 미리 연락하지 않고도 시도 때도 없이 남의 집을 찾아갈 수 있었던 우리들에게 개인의 '프라이버시'는 그리 중요한 개념이 아니었다. 애시당초 그런 말조차도 없었다. 그러므로 한국인들은 아무 때나 걸려오는 전화, 아무 때나 들이닥치는 배달에 개의치 않는다. 내가 쓴 휴대전화, 이메일, 신용카드로 내가 언제 어느 곳에 가서 무엇을 했다는 기록이 어딘가 고스란히 남는다는 사실을 많은 한국인들은 알지도 못하고, 또 안다 해도 괘념치 않는다. 그런 일로 자신의 사생활이 공개된다 해도 아무렇지 않아 하고, 심지어 자랑스럽게 생각하는 사람도 있는 것 같다.

하지만 개인 중심의 사고와 생활에 길들어 있는 미국인들에게 프라이버시는 가장 중요한 권익 중의 하나다. 그래서 만일 모든 미국인들에게 휴대전화를 하나씩 무료로 준다고 해도 싫다고 안 받을 사람이 많을 것이다. 미국인들이 중시하는 개인과 가족 중심 생활의 의미와 내용은 같은 서양인이지만 전통적으로 좁은 땅에서 많은 사람이 살아 온 유럽의 경우와도 그 배경이 다르다. 아무리 사생활을 중시하는 가치관을 갖고 있다 해도 땅이 좁으면 밀착된 생활을 할 수밖에 없다. 그러나 땅이 넓은 미국에서는 자유와 아울러 프라이버시도 최대한으로 누리고 있다고 할 수 있다.

미국에는 수십 에이커즈(수만 평)의 땅에다 큰 저택을 짓고 수영장, 테니스장 따위는 물론이고 냇물과 호수와 풀밭과 채소밭과 언덕과 숲까지 포함하는, 집이라기보다 글자 그대로 전원(田園) 생활을 즐기는 부호들도 있지만, 찢어지게 가난한 사람들 중에도 아파트를 마다하고 모빌홈(mobile home)이라는 이동주택을 끌고 다니며 생활하는 사람들도 있다. 이 모빌홈 거주자들도 요즈음은 이동하지 않고 이동주택 거주지역(trailer park)이라고 하는 지정된 곳(모빌홈에 전기, 상하수도, 가스 등을 연결할 수 있는 시설이 되어 있는 일정한 지역)에서 사는 것이 보통이지만, 여하튼 궁색해도 프라이버시를 택하겠다는 그들의 의지를 엿볼 수 있다.

땅이 좁은 한국에도 예전에는 집단 주거시설이라는 것이 없었는데, 인구가 늘다 보니 할 수 없이 기와집이나 초가집들이 서로 다다다닥 붙게 되었을 것이다. 지금은 한국에 흔해 빠진 것이 고층 아파트지만, 과거의 우리 선조들은 2층 건물도 짓지 않고 살아왔다(한국의 주거용 건축 양식에 2층이라는 것은 없다는 얘기다). 그래서 서울의 고궁과 기와집, 초가집을 둘러보고 현대식 고층 아파트 단지를 번갈아 둘러 본 외국인들은 "저렇게 훌륭한 고궁을 지을 수 있었던 사람들이 어쩌다가 이런 아파트 괴물단지를 짓게 되었는지 모르겠다"며 읊조린다.

어쨌든 대부분이 독립주택에서 살고 있는 미국인들이기에 그들의 집 안팎을 둘러싸고 일어나는 얘기들은 아파트 빌딩의 층계나 엘리베이터에 관한 얘기가 아니라, 자기 집 앞뒤 마당의 잔디와 집의 지하실, 차고에 관한 얘기들이다. 아파트 단지에 사는 사람들은 일정한 관리비만 내면 '모든 것을 다 알아서 관리해주는' 편리함에 젖어 살고 있지만, 단독주택에 사는 사람들은 집 관리에 손이 많이 간다는 것을 안다. 집을 반듯하게 유지하기 위해서는 늘 고치고 다듬고 가꾸어야 하는 정성과 수고가 필요함은 물론이다.

　대다수가 아파트에 거주하는 한국에서는 전혀 신경 쓸 일이 아니지만, 자기 집을 가진 미국인들이 보통 최소한으로 해야 할 일은 (지역에 따라 다르지만) 여름에 잔디 깎고 겨울에 눈을 치우는 일이다. 또, 가을에는 낙엽을 긁어야 하고, 봄을 맞은 미국의 가정들은 겨울 내내 쌓인 먼지를 털어 내는 봄대청소를 벌인다. 게다가 단독주택에 사는 대부분의 미국인들은 앞뒤 마당에 화단이나 채소밭을 가꾸고 있어서 일년 내내 바쁜 일손을 멈추지 않는다. 그러므로 대부분의 미국인들은 한국에서 말하는 '전원주택'에서 살고 있는 셈이다.

　집 청소는 누구나 다 하는 일이고 그까짓 잔디 깎기, 낙엽 긁기, 눈 치우기 또는 화단 가꾸기 정도야 별로 큰 일이 아니라고 생각할 수도 있지만 미국인들은 이런 일에 많은 시간과 노력을 기울인다. 특히 잔디 깎기 등의 조경산업은 미국에서 엄청나게 큰 부분을 차지하고 있다. 그래서 집과 그 주변을 다듬고 정리하느라 세월 다 보내는 미국인들은 언뜻 보면 하찮은 일에 정력을 소모하고 있는 듯이 보일 수도 있지만, 사실 이런 것들이 삶의 질과 모양과 방식에 관한 중요한 사회적, 문화적 차이를 빚고 있다.

모든 것을 관리인 아저씨가 다 '해결'해 주는 한국에서는 주부들도 시간이 남아도는지 아침부터 집을 나서 계모임으로 골프장으로 백화점으로 운동센터로 향한다. 가족들을 집안에 잘 묶어 두지 못하는 아파트 생활은 그래서 한국의 많은 가정을 여관이나 하숙집으로 둔갑시킨다. 반면에 독립 주택생활은 이 런저런 이유로 해서 식구들을 집 주변에 묶어 두게 된다. 아침에 잔디가 길게 자라 있는 것을 보고 출근한 가장은 집에 가서 잔디를 깎아야겠다는 생각에서 동료가 권하는 술자리를 사양하게 된다(미국에는 그러는 동료도 많지 않지만). 결과는 가족 중심, 공동체주의라는 우리들보다 개인주의에 철저하다는 미국인들이 오히려 더 가정 중심, 가족 중심의 생활을 하게 된다.

독립 주택생활이 삶의 모양과 방식에 관하여 빚어내는 공동 주거생활과 다른 또 하나의 중요한 차이는, 집을 유지하기 위해서는 늘 고치고 다듬고 가꾸어야 한다는 사실 바로 그 자체이다. 자기 집의 관리와 유지를 다른 사람에게 일임하고 전혀 신경 쓰지 않아도 되는 아파트 생활은 속 편할지 모르지만, 그 때문에 우리 삶의 모든 분야에서 필수적으로 요구되는 사물의 관리와 유지라는 측면을 도외시하는 성향을 길러낸다.

오늘날 한국 사회에는 여러 문제가 있겠지만, 모든 일에서 요구되는 적절한 관리와 유지를 실행하지 못하는 관리소홀 내지 관리 무능력이야말로 가장 심각한 문제 중의 하나라고 생각한다. 한국에서 많은 건물들이 지은 지 얼마 안 돼 금방 낡게 되는 이유는 처음부터 졸속과 날림으로 지었을 수도 있지만 이를 제대로 관리하지 못하기 때문이기도 하다. 아파트 단지는 물론이고 학교, 공원, 도서관, 도로, 교량, 전기, 가스, 상하수도, 올림픽이나 엑스포 시설물, 기타 사회의 하부구조들이 금방 낡아 흉물단지로 변하는 이유는 무엇인가.

국보 1호 숭례문과 보물 1호 흥인문이 허술한 관리로 곳곳에 균열이 생기고 퇴락(頹落)해가고 있다. 얼마 전 보수공사를 했는데 오히려 그 때문에 문제가 더 심각해졌다고 한다. 필자가 가르치고 있는 미국의 평범한 주립대학 캠퍼스에도 지은 지 100년에 이르는 건물들이 아직도 건실하게 사용되고 있는 데 반해, 지은 지 30년도 채 안 된 서울대 관악캠퍼스의 건물들이 벌써 후락(朽落)한 모습을 보이고 있다. 자그마치 2조 원이나 들여 지은 월드컵 경기장들을 앞으로 어떻게 관리하고 유지해 나갈 것인지, 그래서 벌써부터 걱정이다.

요컨대, 자기 집도 잘 손보게 되지 않는 사람들에게서 남의 집, 남의 건물, 공공시설물을 잘 관리해야 한다는 '마인드'가 길러질 리 없고, 결국 그러한 사회는 짓기와 헐기만을 되풀이하게 될 것이다. 그러나 한국 사회 전반에 걸친 관리 소홀 및 관리 무능력의 문제는 각종 시설물에만 국한된 얘기가 아니다. 수많은 제도와 정책, 계획과 규율이 마련되고 있지만, 처음에만 크게 떠들어 댈 뿐이지 일단 만들어지고 나면 그 뒷일은 나몰라라 하는 식이 태반이다.

수능, 본고사, 학부제, 총장선거, BK21, NEIS 등을 둘러싼

교육제도의 파행적 운용이 이를 가장 극명하게 대변해 주고 있다. 선거제도, 금융제도, 의료제도, 주택정책, 농업정책, 신도시개발정책, 복지정책 등 많은 분야에서도 출발 이후의 운영과 관리, 보충과 정비가 충분히 뒤따르지 못하고 있다. 시설과 제도는 만들어 놓는 것만이 능사가 아니고 엄격한 관리, 유지가 중요하다. 한국에서는 여러 가지 제도와 시설을 만들 때 그 관리, 유지, 보완에 소요되는 예산을 처음부터 충분히 고려해서 확보해 놓고 있는지도 의심스럽다.

아파트 단지를 짓고 그 안에 관리인이나 수위 또는 경비를 두면 관리, 유지는 끝난다고 생각하는 안이한 마음이 지배적이기 때문이다. 그 결과 한국 사회는 많은 것을 시작하고 벌여 놓기는 잘 하지만 일단 건물이 완성되고, 법이 제정되고, 행사가 치러지고 나면 그 다음은 흐지부지와 용두사미가 있을 뿐이라고 많은 지식인들이 스스로 꼬집는다.

반면에 역사가 짧은 미국에서 오히려 많은 건물, 시설, 제도들이 오래도록 그 기능을 잘 수행하고 있는 것을 볼 수 있는데, 그 이유는 처음부터 튼튼히 지었기 때문이기도 하지만 지은 후에도 관리와 유지를 꾸준히 잘 해왔기 때문이다. 자기 집을 가꾸는 마음과 손길이 공공건물을 관리하는 수고와 정성으로 나타나고 있는 것이다. 단독주택에 살면서 집을 관리하게 되는 생활방식은 미국인들에게 모든 사물은 적정한 관리가 필요하다는 의식과 함께 그 능력을 배양해 주고 있다. 그래서 자유와 사생활을 확보하면서 실용성과 편리성을 추구하는 미국인들의 철학과 가치관은 보금자리를 가꾸는 데도 철저하게 적용되고 있다.

　우리는 가정(家庭)이라고 할 때 '뜰'이라는 뜻을 가진 '정(庭)' 자를 쓴다. 가정은 가족이 모여 즐기고 살아가는 뜰이라는 말이다. 지금은 한국의 대부분의 가정에서 뜰이라는 공간을 찾을 수 없지만, 우리들의 마음속에서만은 뜰을 간직하고 가꾸어 나가야 하겠다. 뜰을 가꾸고 행복한 보금자리를 만드는 것까지 관리인에게 맡길 수는 없다. 하물며 국가 사회의 뜰과 보금자리를 가꾸는 관리인은 따로 존재하는 것이 아니라, 각자가 바로 관리인이 아닌가.

도저히 재려야 잴 수 없는 나라

미국은 자타가 인정하는 선진국이다. 그 선진 미국에 아직도 후진적인 냄새를 풍기는 것이 많이 남아 있다. 예컨대, 온도를 표시할 때 세계 각국이 모두 섭씨(Celsius)를 쓰고 있는 반면, 미국은 아직도 화씨(Fahrenheit)를 사용하고 있다. 물이 0도에서 얼고 100도에서 끓게 되어 있는 섭씨는 누구나 쉽게 이해할 수 있지만, 빙점이 32도이고 비등점이 212도인 화씨는 이해하기가 쉽지 않다. 때문에 미국인들조차 왜 화씨를 사용하게 됐는지 의아해 하기도 한다.

미국에서는 물건을 살 때 통상 물건값에 판매세(sales tax)를 얹어서 지불하게 된다. 그래서 실제로 표시된 가격보다 더 많은 가격을 지불하게 되는 사람들은 기분이 나빠진다. 한국 등 많은 나라가 부가가치세(Value Added Tax)라는 제도를 채택해서 물건 가격에 이미 세금을 포함시키고 있는데도, 미국에서는 세금을 따로 계산해서 물건값에 얹어야 하기 때문에 불편함과 불쾌함을 느끼게 된다.

대부분의 나라가 가로 20cm, 세로 30cm 정도의 A4용지를 규격용지로 쓰고 있는 반면 오직 미국만이 가로 8.5인치, 세로 11인치 크기의 소위 편지지(letter size)를 규격용지로 사용하고 있다. 미국에서는 시력을 나타낼 때도 20feet 떨어져 있는 물체를 볼 수 있는 시력, 즉 한국의 정상시력 1.2에 해당하는 시력을 20/20이라고 표시한다. 한국 등 많은 나라가 가정용 전기를 220V로 공급하고 있지만 미국은 여전히 110V를 사용하고 있다.

또한 미국은 선진국치고는 문맹률, 영아사망률, 출산율과 낙태율도 높고, 범죄율, 교통사고율 등도 꽤 높다. 이런 면들을 보아서는 '미국이 과연 선진국인가'하는 의심이 들 정도이다. 그것은 아마도 세계 각지에서 들어오는 미국 이민자들 중에는 돈 있고 좋은 교육을 받은 사람들도 많지만, 가난하고 제대로 교육받지 못한 사람들도 상당수이기 때문일 것이다.

이렇게 선진 미국에도 후진적으로 보이는 면이 여럿 존재한다. 그 중에도 우리에게 가장 불편을 주는 것은 그들의 도량형이 아닌가 한다. 모든 나라가 미터법(Metric System)을 사용하고 있는데, 미국만 거의 유일하게 인치(inch), 피트(feet), 야드(yard), 마일(mile), 에이커(acre), 아운스(ounce), 파운드(pound), 파인트(pint),

쿼트(quart), 갤런(gallon) 등의 임페리얼 시스템(Imperial System, 영제국의 법정 도량형)을 쓰고 있다.

미터법에 익숙해 있는 한국인들에게 미국의 이러한 후진성은 여간 불편한 일이 아니다. 온도가 화씨로 몇 도라는 소리를 들으면 날씨가 춥다는 얘긴지 열(체온)이 높다는 얘긴지 익숙지 못한 사람들은 감을 못 잡는다. 마찬가지로 거리가 몇 마일이고 면적이 몇 스퀘어 피트(square feet)라는 말도 쉽게 들어오지 않는다. 그래서 미국은 도대체 얼마나 큰 지, 넓은 지, 먼지, 높은 지, 긴 지, 깊은 지, 무거운 지, 뜨거운 지 도저히 잴수 없는 나라가 된다.

하지만 미국 문화를 알기 위해서는 이해하기 어렵고 후진적으로 보이더라도 화씨나 야드-파운드(yard-pound)에 관한 그들의 버릇을 알아야 한다. 미국이 당장 임페리얼 시스템(Imperial System)을 버리고 미터법을 채택한다 해도 그 문화 속에 깊이 배어 있는 야드-파운드의 버릇은 쉽사리 사라지지 않을 것이기 때문이다. 미식축구에서 몇 야드 진격했다는 얘기를 몇 미터로 바꾸고 휘발유를 갤런이 아니라 리터로 판다고 해도 야드-파운드의 자취는 미국 속에 오래도록 남을 것이다.

그것은 마치 우리가 일찍부터 척관법(尺貫法)을 버리고 미터법을 써 왔지만 아직도 "무궁화 삼천 리(里)"에 "십 리(里)도 못 가서 발병 난다"고 노래하고 있고, "구슬이 서 말[斗]이라도 꿰어야 보배이고" "수염이 석 자[尺]라도 먹어야 산다"는 것을 "삼척동자(三尺童子)"도 안다고 얘기하고 있는 것과 다름없다. 아직도 아파트의 넓이를 통상 평(坪)수로 얘기하지 몇 제곱미터로 잘 얘기하지 않는 것과 같다. 도량형에 관한 우리 문화는 척관법에 바탕을 둔 문화이기에 그 자취와 냄새와 빛깔은 오래도록 우리에게 남아 있는 것이다.

그래서 한국 문화를 이해하려면 우리의 전통적인 도량형에 관해서도 잘 알아야 한다. 요즘 젊은 세대들이 우리의 전통문화를 찾고, 기리고, 가꾸자면서 흥분하는 모습을 보이고 있지만 그들이 과연 우리 문화를 제대로 찾고, 기리고, 가꾸어 갈 수 있을까 하는 의문이 든다. 척관법은 물론이고 우리 전통문화의 많은 요소들이 한자어를 바탕으로 하고 있는데, 요즘 젊은 세대들은 한자에 능통하지 못하기 때문이다.

미국의 경우와 마찬가지로 우리가 설사 한자를 하루아침에 다 몰아내더라도 그 문화적 뿌리는 쉽게 없애지 못한다. 한글 문화와 한자 문화가 합쳐진 것이 우리 문화일진대 한자를 잘 모르는 젊은 세대들이 우리의 전통문화를 제대로 이해할 수 있을지 우려된다. 무슨 일을 보러 간 사람에게서 아무 소식이 없을 때 '함흥차사(咸興差使)'라는 표현을 사용하는데, 이는 이에 얽힌 역사적 배경을 모르고는 쉽게 이해할 수 없는 말이다. 그런데 역사를 모를 뿐만 아니라 한자어 자체를 몰라서 이를 '하몽차사'라고 말하고, 심지어 그렇게 쓰는 사람들도 있다고 한다. 하기는 N세대니 W세대니 하는 한국의 젊은이들은 가령 '시험 잘 본 것을 축하한다'는 말을 '셤 잘 바씀 추카함다'라고 쓰고 말한다니 그러려니 해야 할지도 모르겠다.

어느 나라 어느 민족이든 역사를 통해서 습관과 풍속을 형성하면서 문화를 일구어 가게 마련이고, 그 과정에서 언어라는 것이 이를 그대로 반영하게 된다. 그래서 미국 문화는 물론 미국 영어를 익히기 위해서도 화씨나 야드-파운드에 관한 그들의 버릇을 알아야 한다. 한국에서도 TV나 컴퓨터 화면의 크기를 얘기할 때는 몇 인치라는 말을 사용하고 있고, 또 항공여행으로 생기는 마일리지와 같은 말도 사용하고 있으므로 미국식 도량형을 전혀 외면할 수는 없다. 그런데도 국제화 시대에 세계 공통인 미터법만 알면 됐지 척관법이나 야드-파운드까지 알아둘 필요가 어디 있느냐고 한다면 이는 "하나는 알아도 둘은 모른다(ounce wise but pound foolish)"의 꼴이 될 것이다.

야드-파운드가 한국인에게 불편한 이유는 그것이 십진법이 아니라 12진법 혹은 16진법을 따르기도 하고, 측정단위 사이의 관계가 일관되어 있지 않기 때문이다. 미터법에서는 1km＝1,000m, 1m＝100cm, 1cm＝10mm처럼 단위 간의 관계가 10, 100, 1000 등 10의 제곱수로 되어 있어서 이해하기 편한데, 야드-파운드에서는 예컨대 길이를 재는 단위들인 inch-foot-yard-mile 사이의 관계가 1foot＝12inches, 1yard＝3feet, 1mile＝1,760yards(＝5,280feet)로 되어 있어서 복잡하다.

복잡하긴 하지만 간혹 우리와 비슷한 점들도 있는데, 그 중의 하나는 1foot(30.48cm)의 길이가 우리 척관법의 한 자[尺] (약 30.3cm)와 거의 같다는 점이다. 그래서 우리가 어떤 사람을 '6척 장신'이라고 하면 그 사람의 키가 대략 6feet라는 얘기가 된다.

또, 물의 깊이를 나타낼 때 우리는 한 길, 두 길이라는 말을 사용해 왔는데, 이는 보통 사람의 키에 해당하는 길이로 수심을 헤아리던 관습이다. 영어에도 수심을 재는 단위에 패덤(fathom)이라는 단위가 있으며, 1fathom은 6feet로 역시 사람의 키에 해당하는 길이다. 하긴 물이 얼마나 깊은지 헤아릴 때 우선 한 길이 되느냐 안 되느냐 또는 1fathom이 되느냐 안 되느냐가 중요했을 법하다. 패덤은 우리말의 '길'처럼 수심을 재는 단위이지만, 또 사람의 심중을 헤아린다든가 사물의 숨겨진 뜻을 가늠할 때에도 쓰인다. "I just can't fathom his mind"라는 영어표현은 "열 길 물 속은 알아도 한 길 사람 속은 모른다"라는 우리 표현과 닮은 데가 있다.

모름지기 이런 글을 쓰고 읽는 목적은 다른 나라의 문화가 우리와 어떤 면에서 어떻게 다른가를 살펴봄으로써 이해를 증진하자는 것이다. 그런데 다른 나라의 문화가 우리와 다르기만 한 것이 아니라 이렇게 같은 점도 있다는 것을 발견할 때마다 문득 문화의 장벽이라는 것도 '인류의 하나됨'을 부인할 수 없다는 생각이 든다.

에이커, 파운드, 아운스, 갤런, 쿼트, 파인트 등 미국에서 쓰는 면적이나 무게, 부피의 단위는 길이의 단위보다 더 복잡하고 불편하게 느껴진다. 길이를 제곱, 세제곱한 것이 면적이고 부피이므로 더 불편하고 복잡할 수밖에 없다. 이렇게 미국의 도량형은 복잡한데 게다가 날로 발전하고 있는 과학기술 덕분에 숫자 자체도 더욱 커지거나 더욱 작아지고 있어 사정을 더 어렵게 만들고 있다. 한국에서도 큰 숫자의 단위가 억, 조를 넘어 경(京), 해(垓)에 이르고 있지만, 영어에서도 이미 million (백만), billion(십억), trillion(조)이 모자라서 quadrillion(천조), quintillion(백경)이라는 단위가 쓰이고 있다.

작은 숫자도 deci(십 분의 일), centi(백 분의 일), milli(천 분의 일), micro(백만 분의 일), nano(십억 분의 일)로 쪼개지더니 이도 부족해서 pico(1조 분의 일), femto(천조 분의 일)가 등장했다. 배수(倍數)를 나타내는 말도 deca(십 배), hecto(백 배), kilo(천 배), mega(백만 배)에 익숙했었는데, 이제는 giga(십억 배)로도 모자라서 tera(조 배), peta(천조 배)라는 말이 새롭게 등장하기도 했다.

미국이 과연 어떤 나라인가를 알고자 한다면, 즉 그 길이와 넓이, 높이와 깊이 그리고 무게와 온도를 가늠하고자 한다면, 우리에게 낯설고 후진적으로 보이더라도 그들이 사용하는 야드-파운드에 관심을 기울일 필요가 있다. 그것이 바로 사물을 길게, 넓게 그리고 멀리 보는 시각이요 열린 마음이다. 그렇지 않으면 "무궁화 1,200km 화려 강산"에 "4km도 못 가서 발병 난다"고 노래하는 격이 되고 말 것이다.

모든 게 다 뒤집어진 나라

미국과 미국인은 종종 합리주의라는 말로 대변된다. 그런데 미국에 관심을 가지고 살펴보면 많은 것들이 한국의 경우와 정반대라는 것을 알 수 있다. 성과 이름을 반대로 쓴다든가 어순이 반대라는 것에서부터 주소를 쓰는 모양이나 돈을 세는 방법, 손짓하는 모습 등 많은 모양이 반대로 나타나고 있다. 그러다 보니 그들의 사고방식이나 행동양식도 우리와 반대로 나타나고 있다. 아니면, 그들의 사고방식이나 행동양식이 다르다 보니 습관과 버릇이 반대로 나타난다고 해야 할지도 모르겠다. 한국이 많은 면에서 미국과 정반대라면 미국은 합리주의적인데 한국은 합리주의적이지 않다는 말도 되는가.

어쨌거나 우선 이렇게 우리와 상반된 미국의 여러 모습을 이해하는 것이 미국의 문화를 이해하고 나아가 영어를 익히는 데도 큰 도움이 될 것이다. 영어는 여러 면에서 한국어와 다르지만 어순이 다르다는 점이 가장 두드러진다. "너를 사랑해"가 영어에서는 "I love you(사랑해 너를)"가 되는 것처럼 문장의 술어(術語)가 우리말에서는 뒤에 오는데 영어에서는 앞부분에 온다. "나는 어제 동생하고 같이 학교에 가지 않았다"라는 말은 끝까지 듣지 않으면 긍정문인지 부정문인지 알 수 없다. 하지만 이를 영어로 하면 "I didn't go to school yesterday with my brother"가 되어 처음부터 부정문임을 알 수 있다. 영어와 한국어 사이의 동시통역이라는 것이 얼마나 어려운지 이로써도 알 수 있다.

영어로 "I love you"를 우리말로는 그저 "사랑해요"라고 할 수 있다. 영어에서는 주어 I(나)와 목적어 you(너)를 다 밝히면서 얘기하는데, 우리말에서는 많은 경우 이를 생략한다. 단 둘이 있는 상황(context)에서 한 사람이 말을 하면 누가 누구에게 얘기한다는 것이 뻔하므로 이를 굳이 밝힐 필요가 없기 때문이다. 이 점은 한국어가 더 '합리적'인 것 같다. 이러한 대조를 놓고 한국어는 문맥이나 상황에 크게 영향을 받는 상황 의존적(high contextual) 언어인 반면 영어는 그렇지 않다고(low contextual language) 말한다.

한국인들은 고마워도 고맙다는 말을 못하고 미안해도 미안하다는 말을 못한다는 얘기를 들어왔다. 조금 과장한다면 지하철에서 발을 밟은 사람은 미안하다는 말이 없고 자리를 양보

받은 사람은 고맙다는 말이 없다. 수십 년을 같이 산 부부간에 평생 사랑한다는 말 한마디 없었다는 얘기가 거짓말처럼 들리지 않는다. 반면에 미국인들은 하루에도 수없이 "Thank you" "You're welcome" "I am sorry" "Excuse me" "I love you"라는 말을 사용하고 있다.

한국인들은 어법만 상황 의존적(high contextual)인 것이 아니라 사고와 행동까지도 상황에 크게 의존하고 있다는 말이다. 상황과 여건에 따라서 벌써 고마운 줄 알고 미안한 줄 알고 사랑하는 줄 안다고 서로 짐작한다. 그러나 이런 편리한(?) 성향은 다른 문화와의 교류 과정에서 문제를 일으킬 수 있다. 상황에 따라 으레 그러려니 하고 넘겨짚는 행동은 합리성에 길들여진 미국인들에게 종종 무례함으로 비쳐진다.

한국과 미국 사이의 정반대 현상은 손짓이나 몸짓에서도 나타난다. 우리는 전통적으로 손을 흔드는 동작에 익숙지 않다. 사실 손을 까딱 잘못 놀리면 삿대질이 되는 것이 우리네 상황이다. 반대로 미국에서는 손짓이 비교적 자유롭고 다양하게 사용된다. 만날 때, 헤어질 때 손을 흔드는 것부터 거수경례에 이르기까지. 하지만 남에게 경의를 표할라치면 손짓으로가 아니라 정중히 고개를 숙이는 것이 한국의 전통이다.

사람을 가까이 오라고 부를 때 우리는 손등을 위로 하고 손끝을 아래로 흔들면서 부르지만, 미국인들은 반대로 손등을 밑으로 하고 손가락 한두 개를 자기쪽으로 구부리면서 (우리가 개나 고양이한테 하는 것처럼) 사람을 부른다. 손가락으로 물건의 개수를 셀 때에도 우리는 손을 편 상태에서 엄지손가락부터 접어 나가면서 세는데, 미국인들은 반대로 가볍게 쥔 주먹에서 새끼손가락부터 (다른 손으로) 하나씩 펴나가면서 셈을 한다.

그들은 엄지손가락을 위로 세우거나 아래로 거꾸러뜨려서 찬반이나 호, 불호를 나타내고, 가운데손가락을 집게손가락 위로 꼬아 올려 꽈배기를 만들면서 바라는 일이 성사되기를 기대한다. 엄지손가락과 가운데손가락을 부딪치는 동작으로 어떤 일이 순식간에 일어나는 모양을 나타내기도 하지만, 가운데손가락 하나를 잘못 펴 보이면 그들에게 큰 욕이 된다. 그들은 입맞춤이나 껴안기도 우리보다 더 쉽게 자주 하고 대화할 때도 상대방에게 가까이 접근해서 대화를 한다. 그들의 운신(運身)이 우리보다 더 자유롭다는 말이다.

미국인들의 돈(지폐) 세는 모양도 우리와 다르다. 우리는 보통 왼손으로 돈 다발의 허리를 접어 쥐고 오른손 엄지와 집게손가락으로 돈의 오른쪽 위 귀퉁이를 하나씩 앞으로 젖히면서 세어 나가는데, 미국인들은 돈을 접지 않고 그대로 한 손에 든 채 다른 손으로 한 장씩 옆으로 잡아 빼면서 센다. 우리보다 체구도 크고 손도 큰 미국인들이 오히려 우리보다 돈을 작게 만들어서 쓰고 있으니 그것도 반대의 모습이다.

한국에서는 고액권일수록 더 훌륭하다고 여겨지는 인물이 담겨 있지만, 미국의 경우 가치가 낮을수록 더 중요한 인물이 들어 있다. 지금은 유통되고 있지 않지만 과거 만 불짜리와 천

불짜리 지폐에는 체이스(Chase)와 클리블랜드(Cleveland)가 있었고, 백 불짜리에는 프랭클린(Franklin), 이십 불짜리에 잭슨(Jackson), 십 불짜리에 해밀턴(Hamilton)과 같이 (최소한 우리에게는) 잘 알려지지 않은 사람이 들어 있는 반면 오 불짜리에는 링컨(Lincoln), 일 불짜리에는 워싱턴(Washington)이 그려져 있다. 권위와 무게를 중시하는 한국 사회와 달리, 국민들이 흔히 사용하는 돈에 가장 추앙하는 인물을 그려 넣음으로써 늘 보고 기리자는 그들의 합리적인 생각이 담겨 있다.

많은 일에서 합리적인 미국인들은 동서남북에 관한 인식도 뚜렷하다. 대부분의 미국인들은 누가 길을 물으면 정확한 길 이름을 대면서 동서남북과 함께 도착지까지의 거리도 대충 알려 준다. "메이플 가를 남쪽으로 반 마일 정도 가서 잭슨 가를 지나 첫 번째 신호등에서 우회전하라(Take Maple Avenue south, go about half a mile, cross Jackson Street, and turn right at the first light)"고 하는 반면, 한국에서는 통상 "저쪽으로 가다 보면 길이 구부러지는 데 주유소가 있고……"하는 식이어서 방향이 분명치 않다. 한국에서는 아직도 길 이름과 번지수만 가지고는 갈 곳을 찾아 갈 수 없는 실정이므로 동서남북도 유용한 정보가 될 수 없고 따라서 여기서도 합리성은 실종 상태다.

한국인의 주거생활은 집에 들어 올 때 신발을 벗는 데서부터 시작한다. 그러나 미국에서는 집에서 신발을 신고 있는 사람이 많다. 실내에서 신을 신는 그들의 습관은 오래전부터 말이나 차를 타왔고, 입식(立式)가구가 발달되어 있는 그들의 환경 때문으로 여겨진다. 반면에 원래 주거공간이 넓지 않은 데다 대가족제를 지켜 온 것이 우리의 전통이기에 집 안의 어느 곳이든 이를 식당으로 사용하기도 하고 침실로 사용하기도 하며 거실로도 사용해 왔다. 따라서 집 안에서 신을 신는다는 것은 있을 수가 없다.

한국과 미국의 문화는 잠자는 버릇에서도 차이를 보인다. 침대나 침실을 따로 두지 않고 방이나 마루에서 가족들이 같이 누워 자던 우리에게는 그것이 가족이나 공동체 중심의 의식구조를 더욱 굳게 만들었을 것이다. 하지만 태어나서부터 부모와 떨어져 따로 자는 미국인들의 버릇은 그들의 철저한 개인 중심주의와 연결되는 것 같다.

미국의 개인주의와 우리의 공동체주의는 실로 여러 가지 부문에서 상반된 모습을 나타내고 있다. 모든 것을 '나'의 입장에서 보고, 생각하고, 행동하는 미국인들은 자기밖에 모르는 이기주의자처럼 보일 수도 있다. 반면에 다른 사람과의 관계를 중시해 온 우리는 가족 등 공동체를 중심으로 생활을 풀어 나간다. 이 때문에 한국어와 영어 사이에도 큰 차이가 나타나는데 바로 '나의(my)'와 '우리의(our)'라는 소유격 대명사의 용법이다.

미국인들은 자신이 독자적으로 소유하고 있지 않는 것에도 많은 경우 'my'라는 소유대명사로 지칭한다. 나의 학교(my school), 나의 회사(my company), 나의 집(my house), 나의 마을(my town), 나의 나라(my country) 그리고 모두가 함께 섬기는 하나님까지도 나의 하나님(my God)이다. 물론 한국에서는 우리 학교, 우리 회사, 우리 집, 우리 마을, 우리 나라가 되고, 심지어는 자기 배우자마저도 우리 남편, 우리 아내라고 하여 세상에 유례 없는 표현을 사용하고 있다. 공동체의식이 언어에 배인 극단적인 예라고 하겠다.

'brother'라는 말은 형 또는 오빠나 남동생을 의미한다. 그런데 우리에게 답답한 것은 영어로 그냥 'brother'라고 하면 형/오빠를 의미하는지 남동생을 의미하는지 알 수 없다는 것이다. 영어에는 형이나 아우만을 의미하는 말이 따로 없다. 'sister'의 경우도 마찬가지다. 반면에 우리말에는 형, 아우, 언니, 동생, 오빠, 누나 등 동기간의 호칭이 남녀의 구분된 관점에서 특정되어 있다. 영어로 'sister-in-law'라고 하면 이는 남자에게는 형수나 제수도 되고 처형이나 처제도 되고, 또 여자에게는 (손위, 손아래의) 시누이나 올케도 된다.

여기서 미국인들은 촌수도 모르는 상놈들이라는 말이 나올 만도 한다. 하지만 이 역시 문화적 배경이 빚어내는 차이일 뿐이다. 일반적으로 미국인들은 자기 이외의 사람들을 (가족까지도) 모두 평등한 입장에서 대하는 반면 우리는 자기와 함께 특별한 공동체를 이루는 사람들과 그렇지 않은 남들을 '차별대우'하고 있다. 그래서 친한 사이에서 끈끈한 정이 묻어나는 한국의 특정주의와 '인정머리 없는' 미국인들의 보편주의는 아주 대조적이다.

미국에 여러 모양의 가정파괴 현상과 사회악이 두드러지고 있는 이유가 이 때문인지 모른다. 하지만 그런 미국인들에게도 정이 있다면, 그 정은 어떤 특정한 사람들에게만 향하는 것이 아니라 일반에게 두루 퍼지는 이타주의적(altruistic), 박애주의적인(philanthropic) 정이라고 할 수 있다. 미국인들이 우리보다 일반적으로 기부에 더 열심이고 자원봉사에 더 적극적이고 입양에 더 개방적이고 헌혈, 장기기증도 많이 하고 있는데, 이는 누구에게나 선한 사마리아인이 되어야 한다는 그들의 기독교 신앙관과도 일치한다.

반면에 우리는 어떤 모양으로든지 고리로 연결되고 울타리로 공동체를 이루는 상황에서 친밀한 관계를 유지하려는 성향이 강하다. 삼강오륜을 바탕으로 하는 우리의 동아리의식은 다행인지 불행인지 우리 나라를 전세계에서 동창회, 향우회, 종친회 등의 활동이 가장 왕성한 나라로 만들었고, 급기야는 많은 일이 학연/지연/혈연 등의 연결고리에 따라 결정되는 파행적 연고주의(nepotism)와 지역감정이라는 망국병을 낳고 있다.

한국에서는 몇 년도에 대학을 들어갔느냐에 따라 학번이라는 것이 정해지고, 이에 따라 선후배를 가리는 것이 보통이다. 그러나 미국에서 동창이나 선후배를 따질 때 가령 'Class of 99'라고 하면 우리처럼 99학번, 즉 1999년도에 대학에 들어간 것을 의미하는 것이 아닌 1999년도에 졸업했다는 것을 의미한다. 무엇이 더 합리적인가를 가르는 시각이 다른 것 같다.

한국 문화가 외관과 체면, 명분과 형식(forms)을 중시하는 문화라면 미국 문화는 내용과 실속, 내면과 실용성(contents)을 앞세우는 문화라는 것 역시 정반대이다. 냉수만 마시고도 배부른 듯 이를 쑤시는 것이 우리의 외식(外飾)주의라면, 겉으로는 못생기고 투박하더라도 일을 제대로 해내기만 하면 된다고 생각하는 실용주의가 그들의 철학이다. 그래서 미국의 자동차나 집, 그 밖의 많은 기구/물건이 우리 것에 비해서 큰 덩치에 볼품도 없지만 속을 들여다보면 알차고 실속 있고 내용이 튼실한 경우를 많이 본다.

'모난 돌이 정 맞는다'고 하면서 유별난 사람들을 탐탁지 않게 생각하는 것이 한국 사회라면, 아무 특색 없이 '통계에 잡히는 하나의 숫자가 되지 말고(Don't be another statistic)' 될 수 있는 한 남들과 다를 것을 장려하는 것이 미국 사회라는 점도 정반대이다. 한국의 유례 없는 획일주의는 온 나라를 한 가지 색깔로 칠해 놓고 이른바 일류병이라는 고질병을 낳고 있다고 우리도 자성(自省)하고 있는 터이지만, 그 바람에 혁신과 탐구력에 의해서 성패가 갈리는 경쟁에서 필수불가결의 요소인 창의성을 기르지 못하고 있는 실정이다.

일찍부터 창의력을 기르는 교육으로 개개인의 의사표현 능력을 길러주고 개성을 표출할 수 있는 기회를 마련해주는 미국의 시스템이 마이크로소프트 같은 아이디어를 일궈냈고, 결국 모든 분야에서 미국이 남들보다 한 걸음 앞서 갈 수 있게 만드는 원동력이 되는 것 같다. 수세식 변기에서부터 인터넷에 이르기까지 우리가 인류문명이라고 말하는 거의 대부분의 발명과 발견, 발전과 혁신이 미국을 비롯한 서양에서 나왔다는 사실이 이를 입증하는지 모르겠다.

그러나 서로 다르고 반대로 보일망정 '어느 쪽이 옳고 어느 쪽이 그르다'라는 판단을 내리려 해서는 안 된다. 문화의 서로 다름을 간파하자는 것이 세계화의 첫걸음이자 요체라고 한다면 어느 쪽이 더 낫다는 판단을 하려 드는 것은 어리석음이다. 본질적으로는 한 문화가 다른 문화보다 우수하다고 아무도 단정할 수 없다. 합리성이라는 것도 보기 나름이요 이해하기 나름이다. 많은 분야에서 정반대 현상을 보이고 있는 한국과 미국의 두 문화가 앞으로 그 간격을 좁혀 나갈 것은 분명하지만, 어떤 부분은 오래도록 차이가 남을 것이다. 특히 서로가 자신들의 굳어진 의식을 과감히 떨치지 않으면 말이다.

흐리멍덩한 나라

오늘날의 삶은 모든 분야와 영역에서 그 깊이와 넓이가 계속 커지고 있고 그 갈래와 가지가 늘어나고 있다. 예전에는 간단 명료하고 알기 쉬웠던 것들이 갈수록 복잡해지고 다양해지고 불확실해지며 또 어려워진다는 것은 잠시만 주위를 둘러보아도 쉽게 확인할 수 있다. 그러나 많은 일이 점점 더 복잡해지고 어려워진다는 것이 반드시 우리의 삶이 더 나빠지고 있다는 것을 의미하는 것은 아니다. 삶이 복잡 다양해진다는 말은 언뜻 우리에게 부정적인 인상을 주지만, 그것이 궁극적으로 우리에게 좋으냐 나쁘냐는 아직 판단하기에 이르다. 여기서는 우선 그런 현상을 짚어 이해하고, 아울러 이러한 현상이 복합성, 다양성의 나라인 미국에서 더욱 두드러지고 있다는 것을 지적하고자 한다.

　우리의 삶에서 그동안 전통적으로 확연히 구분되던 것들 가운데 오늘날 그 구별이 모호해진 것이 많이 있다. 우스꽝스런 예가 될 수도 있지만, 우리 주위에는 무언가를 켜고 끄는 on-off 스위치가 많다. 전깃불에서부터 TV, 컴퓨터, VCR, DVD 등 거의 모든 전자제품에 스위치가 있다. 물론 스위치를 켜면 기계가 일을 시작하고 끄면 일이 중단된다. 이렇게 단순한 스위치의 작동을 놓고 이런 엉뚱한 생각을 해 볼 수도 있다. "켜는 것과 끄는 것의 중간은 무엇일까?"

　그러나 이런 의문은 새삼스러운 것이 아니다. 켜는 것과 끄는 것의 중간에 흐리멍덩한 상태가 존재하며 많은 경우에 사람들은 오히려 그런 흐리멍덩한 상태를 원한다는 것이 증명된 지 벌써 오래다. 가령, 예전엔 전깃불을 켜거나 끄거나 둘 중의 하나였지만 이제는 그 중간에서 불을 밝게 하거나 흐리게 할 수 있는 장치가 보편화되어 있다. 또, 에어컨을 한참 켜 놓으면 너무 춥고 꺼 놓으면 덥기 때문에 이를 해결하기 위해 자동온도 감지장치를 이용하여 적정한 온도, 즉 '흐리멍덩한' 상태를 유지하는 기술도 개발되어 있다.

　이렇게 on과 off처럼 대조되는 사물의 중간 상태, 즉 흐리멍덩한(fuzzy) 상태를 추구하는 기술을 퍼지 테크놀로지(fuzzy technology)라고 하고, 이는 자연과학 분야에서 급속도로 발전해 왔다. 어떤 물질에 전기가 잘 통과되느냐 아니냐에 따라 도체(導體)와 부도체로 구분했는데, 언제부턴가 그 중간인 반도체

(semiconductor)라는 것이 등장하여 이 세상을 주름잡고 있지 않는가. 그러나 여기서 하고 싶은 얘기는 좀 억지같이 들릴지도 모르지만 과학기술 이외의 다른 분야, 즉 정치, 사회, 경제, 문화 등 여러 분야에서 흐리멍덩한 영역이 알게 모르게 확장되고 있고, 그것이 특히 미국 사회에서 두드러지고 있다는 점이다.

우선 공산진영의 붕괴로 그동안 팽팽하게 대치해 오던 동과 서의 구분이 무너졌다고 할 수 있다. 냉전시대를 마감한 세계는 오늘날 평화시대를 맞이한 듯이 보이지만, 지금도 곳곳에서 작고 큰 유혈분쟁이 거듭되고 있다. 그래서 사람들은 이 시대를 전시도 아니고 평화시도 아닌 차가운 평화(cold peace)의 시대라고 부르기도 한다. 역시 흐리멍덩한 개념이다.

정치성향 또한 좌파와 우파, 보수와 진보의 구분이 모호해지고 있다. 미국에서는 전통적으로 보수(conservative)와 진보(liberal)를 대변해 온 공화당과 민주당의 이념을 가르는 선이 갈수록 흐릿해지고 있다. 그래서 중도 좌파, 진보적 보수파 등의 흐리멍덩한 표현이 등장하고 있다. 아직도 프랑스의 르펜과 같은 극우파도 있으며, 아주 왼쪽으로 치우쳐서 공산을 부르짖는 사람들도 있지만 이제 그런 경우는 드문 현상이다.

미국에서 그동안 뚜렷한 대조와 대치를 보이던 정치적 이념이 갈수록 흐릿해지고 있다는 것은, 한마디로 미국 사회가 수용하는 정치적 관용의 정도가 더 높아지고 그 범위가 넓어지고 있다는 얘기다. 그것은 미국이 더욱 다원적인 사회로 변모하는 과정에서 여러 가지 이념과 사상과 종교와 철학을 수용함에 따라 발생하는 현상이라고도 할 수 있다.

따라서 미국에서는 모든 일을 둘러싸고 항상 적극적인 찬성과 적극적인 반대가 있는가 하면, 이것도 저것도 아닌 여러 갈래의 어정쩡하고 흐리멍덩한 생각과 행동과 목소리가 등장한다. 인종문제, 교육문제, 낙태, 사형제도, 안락사 그리고 테러와 이라크 전쟁에 이르기까지 미국인들의 목소리는 다양하다. 이렇게 볼 때 오늘날 미국에서 '정치적 정당성(political correctness)'의 개념이 논의되고 있는 까닭을 이해할 수 있다.

이는 전통적으로 확실하게 구분되던 기존의 통념이나 고정관념을 넘어서 여러 가지 다른 생각을 너그럽게 받아들이자는 정치적 관용주의 내지는 상대주의(relativism)의 표출이라고 할 수 있다. 정치적 정당성이라는 개념은 그 앞에 '정치적'이라는 말을 달고 있지만, 이는 정치에 관련된 논의뿐만 아니라 사회 전반에 걸친 다양한 현상을 가리킨다. 미국에서는 사람들이 쓰는 말에서 이 정치적 정당성을 가장 쉽게 접할 수 있다.

정치적 정당성이라는 개념이 등장하면서부터 현대 (미국) 영어에서는 아주 이상한 현상이 나타나게 되었다. 예컨대, 영어에서 each, everyone, one, someone 등은 불특정한 사람을 나타내는 명사이며 문법적으로 단수취급을 하도록 되어 있다(즉, Everybody is happy.라고 해야지 Everybody are happy.라고 하면 안 된다). 또한 이런 불특정 명사를 한 번 쓰고 나서 다시 이를 대명사로 받을 경우에 전통적으로는 남성단수 대명사인 he, his, him을 써 왔다(즉, Everyone has his own opinion).

그러다 언젠가부터 사람들의 마음속에서 "그 불특정한 사람이 왜 반드시 남자이어야 하는가"라는 생각이 들기 시작했고, 곧 남성대명사 he로 쓰는 것을 꺼리게 되었다. 양의 동서를 막론하고 역사와 문화가 대체로 남성 중심이었다는 사실, 그리고 그에 따른 고정관념이 지배하던 시절에는 he로 쓰는 것이 당연했지만, 이제 그 고정관념이 무너지고 "그 사람은 남자일 수도 있고 여자일 수도 있다"는 흐리멍덩한 생각이 등장하게 된 것이다. 이것이 바로 미국에서 사회통념의 하나로 자리잡고 있는 정치적 정당성의 한 단면이다.

그래서 "Everyone has **his** own opinion"이라고 하면 문법적으로는 맞을지 모르지만 정치적으로는 정당하지 않은 셈이 된다. 따라서 미국인들은 "Everyone has **his or her** own opinion"이라고 표현하기도 한다. 하지만 이런 거추장스러운 표현은 모든 일에서 합리성/경제성을 추구하고 실용적인 것을 좋아하는 미국인들로서는 여간 불편한 일이 아니다. 그래서 혹자는 아직도 'he or she' 또는 'she or he' 같은 표현을 사용하기도 하지만 다른 사람들은 'he/she', 'she/he', '(s)he'같이 줄여서 표현하기도 하고, 또 어떤 이들은 불특정한 사람이 나올 경우 이를 지레 여성대명사 she로 처리하기도 한다. 하지만 이 역시 어느 한쪽으로 치우친다는 말을 듣게 된다.

이에 복수대명사 'they'가 쓰이게 되었다. 즉, 불특정한 사람을 대명사로 받아야 할 경우 이를 성이 구별되지 않는 복수

대명사 they로 표현하는 것이다. 그 결과 Everyone has **his** own opinion이라고 하던 것을 이제는 Everyone has **their** own opinion이라고 하게 되었다. '정치적 정당성'이라는 사회통념을 따르다 보니 원래의 문법을 그르치는 결과가 빚어진 것이다. 이는 한국어에서는 문제가 되지 않는 일이지만, 사회통념의 변화에 따라 사람들의 생각과 행동이 달라지고 사용되는 말이 달라지는 것은 어느 사회에서나 마찬가지다. 단지 그 사회가 그런 변화를 얼마나 쉽게 또 빨리 수용하느냐의 차이가 있을 뿐이다.

정치적 정당성이 논의되고 있는 미국에서는 이렇게 사람들이 쓰는 어휘와 표현이 많이 달라지고 있다. chair**man**, fire**man**, mail**man**, police**man** 등의 어휘는 처음부터 '당연히' 남성(man)을 본위로 해서 만들어졌고, 그래서 아무 '이의 없이' 사용되던 말이었지만 이제는 각각 chairperson, firefighter, mail carrier, police officer라고 부르게 되었다.

남녀평등에 관한 사항은 아니지만, 한국에서도 운전수, 간호원, 장님 등의 표현이 경멸적, 비하적이라고 해서 각각 기사, 간호사, 시각장애인 등으로 바꿔 부르게 되었는데, 이 역시 정치적 정당성의 한 자락이라고 할 수 있다. 하지만 미국에서는 그 정도와 범위가 크다. 정신질환을 앓고 있는 사람을 미쳤다고(crazy, insane) 하지 않고 정신적으로 장애가 있는(mentally challenged) 이라고 하듯이, 지능이 모자라는 사람을 바보나 멍텅구리(stupid, idiot)라고 하지 않고 학습 장애(learning disabled)

또는 지능 장애(intellectually challenged)라고 해야 정치적으로 정당해진다.

그러나 아기 봐주는 사람을 '베이비시터(babysitter)'라는 말 대신에 '주간 방문 보육자(in-house day care proviter)'라고 한다든가 '건물 등의 관리인(maintenance people)'을 '시설 관리 및 복구 전문가(facilities management and restoration specialist)'라고 거창하게 표현하는 것은 농담이 될 뿐이다. 또, 키가 작은 사람을 '짧은(short)'이라고 하지 않고 '수직적으로 장애가 있는(vertically challenged)'이라고 하고, 얼굴이 못생긴 사람도 '못생긴(ugly)'이라고 하지 말고 '미용상 남들하고 좀 다를 뿐(cosmetically different)'이라고 표현하자는 데에 이르면 정치적 정당성의 논의로서 지나치다는 느낌이 든다.

어쨌거나 무슨 이유에서든지 전쟁과 평화, 동과 서, 좌와 우, 진보와 보수의 선이 흐릿해지고 아울러 사람들이 수용하는 정치적 관용의 폭이 너그러워짐에 따라 정치적 정당성이라는 사회통념의 변화를 모색하는 논의중에 있는데, 이런 현상은 세계화의 흐름과 맞물려 정치·경제·사회·문화 등 모든 면에서 나라와 나라 사이의 장벽이 무너지는 현상으로도 나타나고 있다. 즉, 국내와 국제를 가르는 선도 불분명하게 되고 있다. 분명히 'Made in the USA'로 적혀 있는 상품을 뜯어보면 그 안에는 말레이시아, 브라질, 멕시코, 파키스탄 등에서 만든 부품이 섞여 있어서 이를 어느 나라 제품이라고 해야 할지 어렵게 된다. 해외에서 영업의 70% 이상의 실적을 거두고 있는

IBM 같은 회사는 미국 기업이지만, 국제 기업이기도 하다.

차림새나 하는 행동을 보면 이제 남과 여를 구별하기도 힘든 세상이 되었다. 이성을 좋아하는 사람(straight)들과 동성을 좋아하는 사람(gay/lesbian)들 사이에 이쪽저쪽을 다 좋아하는 양성애자(bi-sexual)들이 늘고 있다. 그런가 하면 이제 성전환 의술과 기술의 발달로 아예 남자가 여자로 여자가 남자로 쉽게 바뀌는 세상이 되었다. 미국에는 수술이나 호르몬 치료로 성을 바꾸는 사람들도 있지만, 그냥 남자인 채로 여자 행세를 하고 여자이면서 남자로 행세하는 흐리멍덩한 사람들도 있다. 이렇게 성(gender)의 장벽을 넘나드는 사람들을 이른바 트랜스젠더(transgendered)라고 한다.

이렇게 비정통적 성향을 나타내는 사람들을 총칭하여 GLBT(Gays, Lesbians, Bi-sexuals, and Transgendereds)라고 하는데, 이 역시 전통적 사고와 관념의 테두리를 벗어나는 현상이다. 그리고 아무리 생각해 봐도 이는 바람직한 현상이라고 할 수 없을 것 같다(이 점에 관한 한 필자는 아직 고정관념을 떨치지 못하고 있음을 고백한다). 동성끼리 '결혼'해서 '가정'을 이루고 '자녀'를 기른다는 얘기는 필자가 수용하고 있는 윤리적, 도덕적, 종교적 규준에 맞지 않고 생물학적, 의학적으로도 어쩐지 꺼림칙하다. 앞으로 필자의 생각이 바뀔지도 모르지만 현재로서는 이 점에 관해서만은 흐리멍덩하지 말고 정확하고 분명해야 한다고 생각한다. 어쨌든 미국에서 동성결혼을 허용하는 주가 생겨나고 있고, 동성가정 또한 늘고 있다는 현상이 우리의 주목을 끌고 있다.

그런가 하면 나와 남을 구별하기도 힘든 세상이 되고 있다. 미국에서는 어떤 사람이 자기를 상대로 소송을 해서 승소와 패소를 했다는 어처구니없는 얘기도 있다. 감자와 생선은 흑백이나 좌우처럼 대치되는 구분은 아니지만 분명히 다르긴 다르다. 그 둘 사이에 흐리멍덩한 상태가 있을 수 없을 것 같다. 그러나 미국을 비롯한 각국의 첨단 유전공학 연구실에서는 감자의 유전인자와 생선의 유전인자를 쪼개고 합치고 해서 무언가를 만들어 내려는 노력이 계속되고 있다. 과연 무엇이 나올지는 모르겠다.

공과 사의 구분은 어떠한가. 언제부턴가 공(公)을 대표하는 정부관청들도 일반 기업처럼 대 고객 서비스나 생산성, 효율성을 중요시해야 한다는 주장이 늘고 있는 반면에, 철저하게 사(私)라고 여겨지던 기업들에 대해서는 종업원에 대한 복지책임, 공해방지책임, 이윤의 사회환원책임 등 기업의 사회적 기능을 강조하는 목소리가 커지고 있어서 공과 사의 기능적 구분을 흐리멍덩하게 만들고 있다. 미국에서는 정부기관을 비롯한 많은 공공기구들이 일찍부터 사기업의 경영방식을 도입해 적용하고 있다. 필자가 몸담고 있는 주립대학도 공공기관이지만 일찍부터 그 고객과 이해관계인들(stakeholders)이 누구인가를 살펴 학생과 학부모, 교수와 직원, 기업체와 지역사회 그리고 주정부가 요구하고 원하는 바를 충족시키기 위해 노력하고 있는데 이는 결국 민간기업의 경영과 크게 다르지 않다.

이런 상황에서는 영리와 비영리 또는 개인과 단체를 가르는 경계도 무너지게 된다.

회사를 소유하고 경영하는 사람은 사용자이고 그를 위해 대가를 받고 일하는 사람을 노동자라고 구분하지만, 종업원들이 회사 주식의 큰 부분을 소유하고 있는 경우에는 노사(勞使)의 구분도 애매해진다. 미국에는 종업원이면서 그 회사의 주주이기도 한 사람의 숫자가 2만여 회사에 약 3천만 명에 달하는데, 그 가운데 종업원-주주의 지분율이 50% 이상인 회사만도 약 3천 개에 이르고 있다.

뭔가를 만들어 내는 사업은 제조업이고 서비스를 제공하는 사업은 서비스업이라고 구분해 왔지만, 이젠 서비스업도 서비스 '상품'을 만들어 팔고 또 제조업도 제조뿐 아니라 유통, 판매, 판매 후 관리에 이르는 동안 다양하고 광범위한 서비스를 제공하고 있으니 이 구분도 적절치 않게 되었다. 금융 관련 사업이 그 좋은 예다. 투자자의 자금을 기업에 중개해 주는 서비스 또는 증권을 사고파는 과정에서 단순히 중개, 알선하는 서비스만 제공해 오던 은행이나 증권회사들은 이제 끊임없이 증대하고 다변화하고 있는 투자 및 금융수요에 대응해서 각종의 금융상품들을 만들어 내지 않으면 안 되게 되었다. 그래서 미국의 금융산업은 벌써부터 물리학, 수리통계학, 유전공학, 전산학 등 주로 제조업 분야에서 많이 이용되는 지식을 그들의 비즈니스에 접목하여 금융상품의 '제조'에 힘써 왔다. 이런 또 다른 흐리멍덩한 분야를 금융 또는 재무공학(financial engineering)

이라고 한다.

실물시장에서 옥수수를 사고파는 것은 분명히 어떤 상품에 대한 거래이고 자본시장에서 주식이나 채권을 사고파는 것은 증권거래이지만, 옥수수를 대상으로 하는 이른바 선물(先物, futures) 또는 옵션(option)이라는 것을 거래할 때는 이것이 상품인지 증권인지의 구별도 어려워진다. 미국에는 일찍부터 시카고를 중심으로 이런 선물/옵션을 거래하는 파생시장이 크게 발달되어 왔다. 그래서 실제로 물건이 왔다갔다하는 실물경제와 물건 없이 종이쪽지(증권)만 왔다갔다하는 금융경제의 구별도 흐리멍덩하게 변하고 있다.

이렇게 미국은 물론이고 어느 곳에서나 많은 사물들이 '흐리멍덩'해지고 있는 현상을 볼 때 우리는 지금 낮도 아니고 밤도 아닌 중간지대(twilight zone)에서 살고 있다는 느낌이다. 세상이 흐리멍덩해지고 있다는 얘기는 억지로 꾸며낸 엉터리라고 일축할 수도 있지만, 한편으론 모든 일에서 평형과 조화를 추구해야 한다는 삶의 지혜를 되새겨 주는 얘기라고도 할 수 있다. 왜냐하면 흐리멍덩하다는 말은 어렴풋하고 맑지 않은 회색지대를 연상시키기도 하지만, 그보다는 날이 갈수록 위험요소가 많아지고 커지고 있는 오늘날의 현실에서 어느 쪽으로든지 극단으로 치우치지 않으려는 우리들의 선호를 나타내기 때문이다.

문제를 판단함에 있어서 때로는 흑백논리도 유용하겠지만, 이제는 좌로도 우로도 치우치지 않는 중용(中庸)을 택할 줄

아는 슬기가 더욱 필요한 때라고 생각한다. 미국을 보고 대하는 한국의 입장도 무분별한 친미나 무조건적인 반미보다는 미국을 한국에 유리하게 이용할 수 있는 '용미(用美)'의 입장을 취해야 한다는 주장도 나오고 있는데, 그러기 위해서도 미국을 알고 이해하려는 '지미(知美)'의 자세가 필요하고 그런 과정이 선행되어야 할 것이다. 마찬가지로 과학기술과 문화예술, 이론과 실제, 경제발전과 인권존중, 양과 질, 직장과 가정, 신앙과 현실, 동양과 서양의 사이에서도 우리는 중도(golden mean)나 절충(happy compromise)을 추구할 줄 알아야 한다.

이는 전통적으로 모든 일을 확연히 구분해서 어떤 식으로든지 가지런한 모양을 갖추도록 하는 것을 덕목으로 삼아 왔던 한국 사회에서 특히 중요하다고 생각한다. 많은 사물이 한 가지 모양과 한 가지 색깔로 칠해지는 지나친 획일성에 젖어 살아 왔던 한국이기에 이런 흐리멍덩한 생각과 행동을 인식하고 수용하는 데 지혜를 모으고 더 큰 노력을 기울여야 할 것이다. 물론 GLBT 같은 흐리멍덩한 생각이나 못생긴 사람을 '미용상 남들하고 좀 다를 뿐(cosmetically different)'이라고 표현하는 흐리멍덩한 생각을 말하는 것은 아니다.

'적당히'가 안 통하는 '프로'의 나라

'프로'라는 말은 한국에서 최소한 세 가지 의미로 쓰이고 있다. 하나는 라디오, TV, 음악회 등이 제공하는 볼거리나 들을거리, 즉 프로그램을 줄여서 쓰는 경우이고, 다른 하나는 백분율, 즉 퍼센트(percent)를 의미하는 경우이고, 또 다른 하나는 어떤 일을 전문직업으로 하는 사람이라는 뜻의 프로페셔널(professional)을 줄여서 나타내는 경우이다. 그런데 미국에서는 처음 두 경우에는 반드시 프로그램, 퍼센트라고 하지 프로라고 하지 않는데, 세 번째의 의미로는 미국에서도 '프로(pro)'라는 줄인 말을 쓰고 있다.

그래서 프로그램이나 퍼센트를 프로라고 하는 것은 한국식의 엉터리 영어, 즉 콩글리쉬라고 할 수 있지만, 사실 이런 말들은 오래전부터 한국의 일상용어 속에서 자리를 잡아왔기 때문에 이미 한국어화했다고 할 수 있고 따라서 굳이 콩글리쉬라고 치부할 필요도 없다. 물론 이런 영어 단어들도 한국어로 풀어서 설명할 수는 있지만, 원래 의미에 딱 들어맞는 적절한 어휘를 쉽게 찾을 수 없기 때문에 외래어를 그냥 사용하는 것 같다.

어쨌든 두 언어 사이에서 쓰는 어휘가 서로 다르므로 어떤 단어가 한국어에는 있는데 영어에는 없고 또 영어에는 있는데 한국어에는 없는 경우가 많다. 가령, 우리말에는 오빠나 누나라는 말이 있는데 영어에는 이를 의미하는 단어가 따로 없다. 마찬가지로 영어에는 'elope(여자가 집을 나가 애인과 함께 도망하다)'이라는 단어가 있는데, 한국어에는 이에 해당하는 단어가 따로 없다. 그것은 우리의 전통과 풍습이 이런 뜻을 나타내는 단어를 필요로 하지 않았기 때문이다.

위에서 말한 프로페셔널 또는 프로페셔널리즘이라는 말도 이에 해당하는 적당한 말을 한국어에서 딱히 찾을 수 없다. 한국에서는 프로페셔널이라는 말을 각종 스포츠에서 아마츄어라는 말에 대응하여 그 경기를 직업으로 삼아 전문적으로 활동하는 사람들을 가리키는 말로 생각하는 것이 보통이고, 따라서 '프로'라는 말은 최고 수준을 의미하는 말로 쓰이기도 한다. 하지만 우선 프로페셔널은 반드시 스포츠에만 해당하는 개념이 아니라는 것을 지적한다.

한편 프로페셔널리즘을 사전에서 찾아보면 '전문가 기질'

또는 '장사치'라는 설명이 있는데, 프로페셔널리즘이 뜻하는 바를 제대로 전달하지 못하고 있는 느낌이다. 프로페셔널리즘은 또 전문성, 장인(匠人)정신이라는 말로 이해되기도 하는 모양인데 그것으로도 이 말이 갖는 중요한 의미를 충분히 나타내지 못한다. '프로정신' 또는 '프로근성'이라고 반만 번역한 단어들로도 정확한 의미를 전달하지 못하는 것 역시 물론이다.

그렇다면 영어의 프로페셔널 또는 프로페셔널리즘이라는 말을 어떻게 설명할 것인가? 여기서 필자는 프로페셔널리즘을 세 가지의 중요한 개념을 담고 있는 말로 이해하고자 한다. 그 것은 commitment, accountability, integrity의 세 개념이다. 그 런데 유감스럽게도 이 세 개념에 대해서도 한국어로 맞아떨어지는 어휘를 찾기가 어려운 것 같다.

어쨌든 프로페셔널리즘을 이 세 가지의 개념을 내포하는 말로 이해한다면, 어떤 사람이나 사물이 이 세 가지 중 어느 하나라도 갖추지 못하고 있는 경우에 우리는 이를 프로페셔널 하지 않은 것이라고 말할 수 있다. 스포츠에서는 프로가 아니면 아마츄어라는 얘긴데, 결국 프로와 아마츄어가 다른 점도 바로 이 세 가지 필수 요소의 존재 유무라는 말이 된다.

우선 'commitment'라는 말은 상황에 따라 여러 가지로 풀이될 수 있다. 언질, 약속, 공약, 공언, 관여, 헌신, 열심, 성의, 책임, 위임 등등. 프로페셔널리즘은 무엇보다도 먼저 commitment를 전제로 한다. 자기가 하는 일에 진정한 commitment가 없으면 프로라고 할 수 없다. 프로가 하는 일은 장난 삼아 재미로

하는 일이 아니고 한두 번 집적거리다가 그만두는 어설픈 시도가 아니다. 일단 공약을 하고 언질을 준 이상 계속적인 헌신을 통해서 열심을 가지고 성의껏 그 일에 관여하는 것이 프로페셔널리즘이다.

미국을 프로의 나라라고 함은 일단 각 분야의 중핵을 이루고 있는 사람들이 각자가 하는 일에 강한 헌신을 보이고 있다는 데서 출발한다. 그들은 결국 미국 사회의 프로이자 엘리트라고 할 수 있는데, 각자가 자기의 일에 몸을 던져 스스로를 채찍질하면서 발전을 추구한다. 그 결과 각계의 프로들이 복합적으로 사회 전체를 견실하게 만들고 있다.

프로들의 헌신은 오늘만 장사하고 마는 것이 아니기 때문에 "하다가 안 되면 그만 두지"하는 아마츄어들의 자세와 근본적으로 다르다. commitment가 없는 행동은 당장 앞가림하기에만 급급한 하루살이 또는 냄비근성(cooking pot mentality)을 낳는다. 그래서 "내가 이 친구를 평생 볼 건가? 나 다음의 일은 내가 알게 뭐야?"하는 식의 방만한 행태를 낳을 수도 있다. commitment가 없을 때 짧고 좁은 안목과 무계획성이 드러나고 찰나주의와 기회주의가 지배하게 되며 결국 뒷북치기를 거듭하게 된다.

프로페셔널리즘은 두 번째로 accountability를 내포한다. 그런데 accountability는 국내에서 '책무성'이라고도 번역되는 모양인데 이는 단순히 구체적으로 확정된 책임(responsibility)이나 의무(obligation)만을 가리키는 것이 아니라 그 이상을 의미한다. accountability는 책임과 아울러 어떤 일을 하게 되는 사유와 근거, 동기와 경위를 포괄하는 개념이다. 프로는 자기의 일거수일투족을 낱낱이 들어 설명하고 그 사유를 밝힐 수 있어야 한다. 프로페셔널리즘은 자기가 하는 모든 행위가 합리적으로 기대되는 기준과 이성적으로 요구되는 조건에 합당해야 한다는 accountability를 전제로 한다.

어떻게 해서든지 일을 처리해서 좋은 결과만 얻어내면 책임을 다하는 것이라고 생각할지 모른다. 하지만 처음과 끝은 그럴듯하게 보이고 거죽은 번드르르하게 나타날지 몰라도 그 가운데와 속이 accountable하지 못하다면 프로답지 못한 일이고 결국 여러 가지 문제를 일으키게 된다. 아무리 학식 있고 유능한 의원이나 고위관료라 할지라도 책무를 모른다면 자신이 언제 술자리에 앉을 수 있고 언제 골프장에 나가도 되는지 가늠하지 못한다.

책임을 기본으로 하고 그 위에 책무를 얹어 각자가 스스로 설명할 수 있는 행동을 할 것을 기대하고 요구하는 것이 미국 사회이다. 미국에서 일찍부터 개인수표가 통용되게 된 것도 사회가 각 개인으로부터 책임과 책무를 함께 요구하고 있고 각자가 이에 부응하고 있기 때문이다. 미국의 젊은이들이 일찍부터 독립해서 스스로를 꾸려나갈 때 그들은 accountability를 배우게 된다. 따라서 자기의 행동을 바로 하느냐 못 하느냐의 문제는 부모의 책임이기보다 스스로의 책무가 된다.

반면에 개개인의 책무성을 도외시하고 특정한 직책을 가진 사람에 대하여 막연한 사회적 기대감과 도덕적 책무를 지운 다음 그 기대가 무너졌을 때 가중책임을 물으며 비난을 쏟는 것이 한국 사회가 아닌가 생각한다. 행정의 일선에서 어떤 직원이 저지른 실수나 비행을 그 사람의 책임이나 accountability로 매듭짓지 못하고 엉뚱하게 맨 꼭대기에 있는 우두머리에게 비난을 몰아붙이는 것이 한국의 얄궂은 사회정서가 아닌지. 사실 따지고 보면 한국에서 각종 비리와 부정이 끊이지 않고 있는 이유도 정계, 관계, 재계, 법조계, 학계 등 모든 분야에서 accountability가 실종되어 있기 때문이라고 할 수 있다.

'아침 9시부터 저녁 5시까지(nine to five)'라는 표현이 말하듯이 정확하게 여덟 시간만 근무하고 바로 퇴근하는 미국인들에 비해서 아침 일찍부터 저녁 늦게까지 직장에서 시간을 보내는 한국인들이 훨씬 더 많은 일을 하는 것처럼 보인다. 하지만 만일 근무시간 중에 신문보기, 잡담하기, 낮잠 자기, 인터넷 들여다보기, 결혼식 가기 등 accountable하지 않은 일로 시간을 보낸다면 프로페셔널리즘은 여기서도 실종상태이다. 흔히 한국인들은 부지런하다고 추켜지는 반면, 미국인들은 자유분방하게만 보여 '농땡이' 부리는 것처럼 여겨지기도 하는데, 작업이 시작된 후 대다수의 미국인들이 철저한 책무성을 발휘하는 모습을 보면 그런 말이 사실이 아니라는 것을 알 수 있다.

툭하면 공과 사를 가릴 줄 알아야 한다고 말하는 우리들이지만 미국에서는 그런 말을 좀처럼 듣기 힘들다. 우리는 종종 공과 사를 두루뭉실하게 얼버무리기에 그런 말을 하지만, 공과 사가 이미 철저하게 구분되어 있는 미국인들에게 그런 말은 따로 필요 없다. 단지 근무중이냐 아니냐의 구분만 있을 뿐이다. 미국에는 회사비품이나 전화를 사용(私用)으로 쓰는 사람이 하나도 없다는 얘기가 아니라 그 숫자가 상대적으로 적다는 지적이다.

　밖에서 보기에 미국 사회는 아주 허술하게 보일지 모른다. 예컨대, 미국에는 우리처럼 주민등록제도가 없다(그래서 미국에 주민등록제가 있었더라면 지난 번 테러사건을 방지할 수 있었으리라는 주장도 있다). 그러나 원래 제도적으로 구속받거나 강제되는 것을 원치 않는 미국인들이기에 오히려 개인의 책무를 근거로 하는 프로페셔널리즘의 정착으로 사회를 다스려 왔다고 할 수 있다. 미국 사회는 혹시 이런 '허술한' 기회를 틈타 잇속을 챙기려는 accountable하지 못한 사람에게 한 번은 속아 넘어 가지만 두 번째부터는 속지 않는다. 엉터리 수표를 발행한다든가 허위로 실업수당이나 빈민수당을 타먹는 행위가 한두 번에 그치지 않고 발각이 되고 나면 가차 없이 응징을 받게 되는 것이 미국 사회이다. 미국에서 한 번 신용을 잃고 나면 다시 일어서는 것이 얼마나 어려운지 짐작할 수 있다.

　프로페셔널리즘은 또 총체성, 통합성, 완전성, 성실성을 의미하는 integrity를 요구한다. 각 분야의 프로들은 전문지식, 경험과 아울러 인격의 총체성을 갖출 것을 요구받는다. 전문분야를 잘 알고 있는 것만으로는 부족하고 정직성, 성실성, 정확성,

근면성, 윤리성, 인내성 등 인격적인 측면에서의 건전함을 프로들에게 요구하고 있다. 얼마 전 미국의 엔론(Enron) 등 대기업들의 회계부정 스캔들이 큰 파장을 준 것도 미국 사회의 커다란 축을 이루던 integrity에 금이 갔다는 충격 때문이었다.

한국에서 유명정치인은 물론이고 고위관료나 대학교수, 인기인 등이 불미스러운 일로 신문지상에 오르내리게 되는 이유는 무엇인가? 왜 한 부서의 장관을 일 년에 여섯 번이나 교체해야 했는가? 그리 오래할 자리도 아닌데 총리 임명하기가 왜 그렇게도 어려웠나? 교육수준이나 전문지식이나 경륜이 부족해서인가? 능력과 기량이 부족해서인가? 물론 아니다. 이는 integrity의 문제일 뿐이다. 미국에도 대통령이나 의원 등 유명인사들의 integrity가 문제되기도 하지만, 역시 상대적으로 그 숫자와 빈도가 적다는 지적이다.

integrity가 결여된 프로 아닌 프로들이 일을 결정하고 처리할 때 불완전한 사고방식과 행동양태가 등장한다. 큰 피해가 없어도 됐을 지하철 방화가 왜 그렇게 많은 인명을 앗아가야 했는가? 왜 병역비리 하나 가리지 못해 국력을 그렇게 소모했던가? 왜 웬만한 비에 마을이 잠기고 수해가 해마다 거듭되는가? 왜 백화점이 무너지고 가스가 폭발하고 유람선이 가라앉고 어린이 캠프나 단란주점의 화재로 인명이 스러지는가? 왜 대통령이나 장관, 국회의원, 판검사에서부터 일선 교사나 경관에 이르기까지 비리와 부정이 그치지 않는가? commitment도 부족하고 accountability도 흐릿한데다 integrity마저 손상된 프로 아닌 프로들이 일을 다스리고 있기 때문 아닌가!

미국을 선진국이라고 하는 데 비해 한국이 아직 그에 못 미친다고 한다면 그 이유는 한국을 구성하는 각 분야에서 아직도 건전한 프로페셔널리즘이 정착되지 않고 있기 때문이라고 감히 주장한다. 미국 사회는 스포츠뿐 아니라 정치, 경제, 언론, 기업경영, 법률, 교육, 군사, 의료, 연예, 오락 등 모든 분야에서 프로페셔널리즘이 지배하고 있기 때문에 '적당히'나 '대충'이 통하지 않고 오리발과 시치미떼기와 얼버무리기가 통하지 않는다.

한국어에서 프로페셔널리즘의 의미를 적확(的確)하게 나타내는 말을 찾을 수 없고, 또 그 내포개념인 commitment, accountability, integrity에 해당하는 말을 찾을 수 없다는 사실은 한편으로 놀랍기도 하지만 다른 한편으로는 당연해 보인다. 생각해 보면 그 이유는 영어에 오빠나 누나를 가리키는 단어가 따로 없는 이유와 똑같다. 전통적으로 위계사회였던 한국에서는 형과 아우, 오빠와 누나를 구분해야 할 필요가 있었지만, 수평사회인 미국(서양)에서는 이를 구분할 필요성이 없었기 때문이다.

마찬가지로 우리의 가치관과 철학, 제도와 조직, 역사와 전통이 프로페셔널리즘의 개념을 필요로 하지 않았다고 할 수 있다. 공동체주의, 일반주의가 지배해 온 한국 사회에서 개개인으로부터 요구되는 철저한 프로페셔널리즘이 생성될 여지가 없었을지 모른다. 개인의 의사표시에서 목표추구에 이르기까지 모든 것이 상황과 분위기에 의해서 간접적, 내재적, 함축적으로 전달되는 체제에서는 뚜렷한 commitment의 제시가 필요 없었을지 모른다. 자유와 권리도 공동으로 누리고 책임도 공동으로 지는 체제에서는 개인의 accountability를 두드러지게 내걸 필요도 없었을지 모른다. 외관주의와 형식주의가 지배하는 체제에서는 나타나는 말과 행동과 모양 이외에 integrity라는 내면적 총체성이 중시되지 않았을지 모른다.

그러나 바로 이 commitment, accountability, integrity로 특징지어지는 프로페셔널리즘이 오늘날 인류 문명활동의 근저(根底)를 이루고 있다는 점을 인식할 때, 그에 해당하는 말이 있건 없건 간에 그 뜻만큼은 철저하게 인식되어야 하고, 또 그대로 행동에 반영되어야 한다고 생각한다. 개인이나 가정이나 기업이나 국가나 모두 나름대로의 프로페셔널리즘이 절실하게 기대되고 요구되는 세상이다. 다른 나라, 다른 문화와 계속 접촉·교류해야만 하는 글로벌 시대를 살고 있기에 더욱 그렇다. 미국이 아직도 조금은 괜찮은 나라라고 여겨진다면 그 이유는 각 분야에서 얼치기 아마츄어들이 아닌 진정한 프로들이 진득이 자리잡고 프로페셔널리즘을 실행하고 있기 때문이다.

결론을 내릴 수 없는 나라

미국에 관한 이런저런 얘기를 많이 했으니 이제 이야기를 마치면서 미국은 한마디로 이런 나라라고 그럴듯한 결론을 내릴 수 있으면 좋겠지만, 아무리 궁리를 해봐도 적절하고 의미 있는 결론을 내리기가 쉽지 않다. 아무리 뒤집어보고 제쳐 봐도 한마디 또는 몇 마디로 미국을 딱 부러지게 설명해 내기는 불가능해 보인다. '미국은 결론을 내릴 수 없는 나라'라고 하는 것이 오히려 미국에 대한 결론이 될 수 있지 않을까. 혹시 혼란만 가중시킬지 모르지만 미국이 어떤 나라인가를 다시 반복한다.

미국은……

· 땅이 넓은 나라, 특히 평평한 땅이 많은 나라

- 잔디가 많은 나라
- 곳곳에 뛰어 놀 수 있는 운동장, 놀이터, 공원이 많고 도서관이 많은 나라
- 선택의 나라, 기회의 나라 그리고 다양성의 나라
- 35초마다 한 명의 새로운 이민자가 들어오는 나라
- 불법 체류자가 원주민보다 더 많은 나라
- 타이거 우즈처럼 여러 인종의 피가 섞인 사람들이 많은 나라
- 세계의 성씨와 종교가 거의 다 들어 와 있는 나라
- 기독교의 깊고 굵은 뿌리가 남아 있는 나라
- 기부, 입양, 자원봉사, 헌혈, 장기기증 등에 너그러운 나라
- 개인 중심주의를 이기주의가 아닌 이타주의로 이어가는 나라
- 모르는 사람에게 사랑을 나눠주는 선한 사마리아인의 나라
- 한국에 세브란스 병원을 짓고 이화, 배재, 정신, 경신, 숭실 등의 많은 학교를 세운 나라
- 좋은 일하고도 욕먹고, 도와주고도 뺨 맞는 나라
- 9.11 테러 같은 사태를 앉아서 당하고 있는 나라
- 자유와 정의와 평등과 기회균등과 아울러 사생활을 중시하는 나라
- 주민등록증이 없는 나라
- 일단 사람으로 태어났으면 모두 똑같다고 여기는 나라

- 노벨상을 받을 만한 사람과 학습 부자유자에게 같은 기회를 주는 나라
- 의원도 공항에서 귀빈실을 이용하지 않고 일반인들과 함께 몸수색을 받는 나라
- 도살(屠殺)업을 했던 사람에게 Butcher나 Slaughter라는 성을 붙일 수 있는 나라
- 이름 부르기를 아주 좋아하는 나라
- 한국이나 도미니카 출신도 할 일을 잘 하기만 하면 영웅으로 대접해 주는 나라
- 신문의 이름들이 제각각인 나라
- 활자로 찍을 수 있는 뉴스는 다 신문에 찍는 나라
- 큰 회사나 대학이 조그만 시골에 있어도 상관없다고 여기는 나라
- 스포츠에 미친 나라
- 싸구려 골프채가 많은 나라
- 하버드 대학 같은 최고의 대학에 가서도 공을 찰 수 있는 나라
- 프로레슬링 선수도 주지사가 될 수 있는 나라
- 다양성을 두려워하지 않는 나라
- 국가의 곡조가 술집의 노랫가락 곡조라도 상관없다고 여기는 나라
- 정치에 대한 일반의 수요가 아주 적은 나라
- 정당의 당사도 없고 당수도 없는 나라
- 100세 된 상원의원이 있는 나라

- 국립묘지만도 100개가 넘는 나라
- 프로페셔널리즘에 투철한 엘리트들이 끌어가는 사회이기에 '적당히'가 통하지 않는 나라
- 모든 일 처리는 물론 영어발음까지도 경제성, 실용성, 편의성을 따지는 나라
- 집 청소하고, 잔디 깎고, 낙엽 긁고, 눈 치우고 또 집 고치느라 세월 다 보내는 나라
- 언제 어디서나 농담과 해학과 놀이를 즐기는 나라
- 운(韻, rhyme) 맞추기를 아주 좋아하는 나라
- 매일 노는 것같이 보이는 나라
- 동서남북과 숫자를 잘 챙겨서 거리를 만들고 길을 닦는 나라
- 정차하고 있는 학교버스를 추월할 수 없는 나라
- 선진국이라지만 아직도 곳곳에서 후진국 냄새가 물씬 나는 나라
- 역사가 200여 년밖에 되지 않지만 맏형 노릇을 하도록 다른 나라들이 기대하는 나라
- 별로 먹을 게 없는 것 같지만 사실 세계의 모든 음식을 다 맛볼 수 있는 나라
- 정크푸드를 너무 즐기다 보니 서너 사람 중의 한 사람은 뚱뚱한 나라
- 그 크기와 넓이와 높이와 깊이와 무게와 부피를 도저히 잴 수 없는 나라
- 전깃불에서 인터넷에 이르기까지 수많은 발명과 혁신

을 이루어 온 나라

· 대학교육에 엄청난 비용이 들어가는 나라
· 캠퍼스에서 총기사고가 빈발하는 나라
· 전세계에서 유학생들이 몰려드는 나라
· 시민권자 아기를 출산하려고 임신부들이 들어오는 나라
· 장애자들을 위한 배려가 철저한 나라
· 외국과 외국 문화와 외국어를 잘 모르는 (아주 큰) 우물
  안의 개구리 같은 나라
· 영어가 국어인데 영어를 잘 못하는 국민이 아주 많은
  나라
· 영어는 못해도 되지만 운전을 못하면 살 수 없는 나라
· 렉서스와 올리브 나무가 같이 자라고 있는 나라
· 모든 게 뒤집어진 나라
· 흐리멍덩한 나라
· 밖에서 보기에 '신 포도(sour grapes)'처럼 보이는 나라
· 세계 각지로부터 우수한 사람들이 들어와서 활동하고
  또 그런 사람들을 데려다 길러내고 있는 나라.

  그래서 결국 나라 같지도 않은 나라. 그렇다. 미국은 나라
같지도 않은 나라다. 우리가 일반적으로 이해하는 국가의 기
준에서 볼 때 미국은 '나라'라고 할 수가 없을 것 같다. 사실,
미국은 이상에서 말한 것이 다 해당되는 나라이고 세상 어디
에도 그런 나라는 없다. 바로 그 점이 미국을 강하게 만드는
것이라고 생각한다. 미국이 강한 것은 자원이 풍부한 너른 국

토 때문만도 아니고 비전을 가진 소수 지도층 때문만도 아니다. 미국의 힘은 이상의 모든 것을 포용하는 너른 마음과 트인 자세에서 나온다고 생각한다.

이런 의미에서 미국은 결국 나라가 아니라 하나의 가치(value)이자 이상(ideal)이라고 할 수 있다. 그래서 미국이 기리고 간직하고 추구하고 발전시키려는 그 가치와 이상을 같이하는 사람이면 누구나 미국의 부분이 될 수 있다. 출생지, 인종, 언어, 종교가 무엇이든지 간에. 그것이 미국을 위대하게 만든다고 생각한다.

그런데 그런 미국을 싫어하는 나라와 사람들이 많은 것 같다. 특히 이슬람 급진주의자들은 미국을 철저하게 싫어하고 반대하고 부정한다. 미국이 그들의 영원한 적인 이스라엘을 줄곧 도와주고 후원하고 있는 것을 미워하고, 그 때문에라도 미국이 표방하는 가치와 이상 자체를 반대한다. 그러나 '미국'을 반대하는 소리는 이슬람이나 한국에서만 들리는 것이 아니다. 미국 내에서도 왼쪽에서는 제시 잭슨(J. Jackson) 같은 사람들이, 오른쪽에서는 패트릭 뷰캐넌(P. Buchanan) 같은 사람들이 그리고 또 다른 쪽에서는 루이스 패러칸(L. Farrakahn) 같은 사람들이 현재의 미국을 강렬하게 비난하고 있다.

하지만 미국을 '정말' 싫어하는 사람들이 몇이나 되는지 궁금하다. 특히 미국이 어떤 나라인지를 알고 싫어하는 사람이 얼마나 되는지. 미국을 잘 알지도 못하면서 반대하는 사람이 많은 것 같고, 또 미국을 싫어한다는 사람들도 진정 싫어하는 건지 말만 그렇게 하는 건지 확실치 않아 보인다. 그런 사람들이 생각해 봐야 할 것은 "미국이 없었다면 세상이 더 나아졌을까?(Would the world be a better place without America?)"라는 질문이다.

정확하고 공평한 분석이란 늘 어려운 것이지만, 생각건대 "오늘날 세계는 미국 때문에 더 나아졌다"라고 하는 편이 타당할 것이다. 미국을 반대한다고 말하는 사람들은 속으로는 반대하지 않으면서 말로만 그렇게 표현할 뿐인지도 모른다. 미국을 대하는 사람들의 태도는 이것은 마치 겉으로는 미국을 신 포도 대하듯 하지만 이것은 실제와는 다른 이율배반적인 것이다. 미국이 정말 '신 포도'라면 언제 어디서나 미국을 때리고 깎아 내리는 것은 아주 재미있고 신나는 일이며, 또 카타르시스(catharsis)가 된다.

놀랍게도 미국을 분석하는 세계적인 석학들의 경우도 마찬가지인 것 같다. 그동안 토크빌(Alexis de Tocqueville), 미르달(Gunnar Myrdal), 벡(Urlich Beck), 밀즈(C. Wright Mills) 등 세계의 많은 지성들이 미국에 대한 예리한 분석을 시도해 왔지만 총체적인 적확성이 결여된 것으로 드러나고 있다. 왜냐하면 그들의 목적은 미국의 공과(功過)를 함께 논하는 것이 아니고 미국의 이념과 주의 그리고 정책을 비판하자는 것이기 때문이다.

냉전 이후 미국이 주도해 오던 이른바 신자유주의(Neo-Liberalism)를 바탕으로 하는 세계화의 체제도 9.11 테러와 함께 끝났다고 주장하는 사람들이 있다. 그들은 경제적 세계화와 함께 세계주의 정치가 병행되어야 한다고 주장하면서 정치와 유리된 시장 중심의 경제 우선을 내세우는 신자유주의는 허황된 것이라고 비난한다. 국가 없이는 안보도 교육도 민주주의도 없고, 또 민주주의와 시민사회 없이는 합법성도 없다고 주장한다. 그러나 아이러니컬하게도 신자유주의를 비난하는 이런 논리는 미국의 정책가치를 반대하는 비정부기구(NGO)들의 설 땅마저 빼앗는다.

물론 제2, 제3의 9.11 테러나 이라크 전쟁을 막기 위해서도 미국을 비롯한 선진국들은 자유와 세계화의 결실을 보다 공평하게 나눠야 할 것이다. 각국 정부, 다국적 기업, UN 등 국제기구, 그리고 NGO 등은 국가적 다양성과 종교, 인간의 기본권, 세계화를 모두 고려한 개방된 시스템을 만드는 데 노력해야 한다. 그런 의미에서 지금까지 세계화에서 소외된 국가들을 돕는 것은 인도적 요구일 뿐 아니라 세계 평화와 안보의 열쇠이기도 하다.

하지만 어느 누구도 세계가 안고 있는 문제를 일거에 해결할 수 있는 이론이나 이념을 당장 제시할 수는 없다. 그리고 테러의 근본 원인을 세계화나 신자유주의의 탓으로만 돌릴 수도 없다. 조지 W. 부시 미 행정부가 미사일방어(MD)체제, 유엔기후협약, 반덤핑 관세정책 등 여러 분야에서 독선적인 태도를 보이고 있다고 '미국 때리기'를 즐기는 사람들은 주장하지만, 가장 두드러진 목소리는 언제라도 독선으로 매도되기

십상이다. 미국은 큰 나라(big guy)이므로 설사 착하고 좋은 일을 해도 깡패(bully)처럼 보이기 쉽다.

툭하면 OO주의, ××사상 같은 용어와 개념을 지어내기 좋아하는 학자들의 학문적 자위행위는 둘째치고, 미국에서는 그 어느 누구도 "자 이제 냉전체제가 끝났으니 우리 신자유주의라는 것을 만들어 보자" 또는 "이라크 전쟁에 이겼으니 이제 신보수주의(Neo-Conservatism)를 해보자"라고 말하지 않는다. 정부 기능축소, 규제완화, 민영화, 공공재 및 공동체 개념의 축소, 개인책임 강화, 경쟁주의 등이 다수의 행복을 추구하는 데 득이 된다고 생각하면 미국은 이를 추구할 뿐이다. 그것은 자유와 평등, 평화와 안전 그리고 행복과 번영이라는 인류공동의 선을 추구하는 인간성(humanity)에서 비롯될 뿐이다.

'미국 때리기'를 일삼는 사람들은 아메리칸 드림이라는 것도 경쟁적으로 물질적 풍요만을 추구하는 비문화적인 목표일 뿐 거기에는 철학적 깊이도 없고 문화적, 인류사적, 미적 가치도 없다고 비난한다. 물질적으로 궁핍해도 마음이 넉넉하면 행복할 수 있다는 안빈낙도(安貧樂道)를 철학으로 삼고 있는 사람들은 미국식 상업주의를 정크 문화로 질타한다. 그들도 자유와 평화가 공짜가 아니라는 것을 잘 알면서도. 평화와 안보 없이는 '가난'마저도 즐길 수 없다는 것을 알면서도. 그리고 사실은 그들도 보졸레 와인을 찾고 렉서스를 원하면서도. 그들의 논의가 결국 현실성과 인간성을 외면한 탁상공론임을 알면서도.

작금의 세계적 정황과 조류를 세계화라고 하든가 신자유주의, 신보수주의 또는 뭐라고 하든 간에, 또 이를 미국이 의식적으로 주도해 왔건 아니건 간에, 그것이 완전히 옳고 좋다고 추종 하는 것도 타당치 않지만, 이를 전적으로 나쁘고 틀렸다고 치부하는 것도 옳지 않다. 그런데 빈곤과 질병과 국제분쟁과 인권유린과 환경침해 등 인류가 안고 있는 모든 문제의 근원이 딱 한 가지로 귀결된다면 얼마나 편리할까. 그래서 혹자는 그냥 말해 버린다, "모든 것은 다 미국 때문"이라고.

이런 사람들은 9.11 테러 역시 미국이 일으킨 것이라고 주장하기도 하지만 거기에도 아무런 근거와 설득력이 없다. 다만 안보를 위한 초국가적 협력체제의 필요성이 대두되고 있다는 것은 인간이 인간다울 수 있는 것, 즉 인간성(humanity)을 지키기 위한 인류적 차원에서의 노력이 필요하다는 것을 의미한다. 한마디로 많은 사람들이 미국을 싫어하고 반대하는 말을 하고 있지만, 실상은 아무도 미국이라는 가치와 이상을 부정하지 못하고 있다.

싱가포르의 리(Lee Kwan Yew) 장관은 미국이 유럽이나 일본보다 10~15년 정도 앞서 있는 강대국이고, 앞으로 30~50년 후까지도 그러할 것이라고 말했다. 리 장관이 미국의 가능성에 높은 기대를 거는 것은 무엇보다 다양성과 변화와 혁신에 대한 국가적 차원의 열린 태도라고 말한다. 리 장관은 미국의 이러한 점이 바로 유교 문화가 지배하는 위계질서 사회가 배워야 할 점이라고 강조한다. 그동안 서구적 개인주의보다 공동체 질서를 우위에 두는 동양적 가치를 강조해 왔던 리 장관이 최근 이런 지적을 하고 있다는 것이 주목을 끈다.

"미국이야말로 지구상에서 가장 자유로운 나라이고, 가장 인간다운 삶을 누릴 수 있는 나라이고, 따라서 가장 위대한 나라이다." 9.11 테러 이후 펴낸 책에서 디수자(D. D'Souza)라는 동양계 작가의 주장이다. 한편 프리드만(T.L. Friedman)은 센세이션을 일으킨 『렉서스와 올리브 나무』에서 올리브로 상징되는 문화적 전통 가치와 렉서스 자동차로 상징되는 세계화 체제의 갈등을 지적하고 있지만, 그것이 전면적인 상충을 의미하지 않음을 암시하고 오히려 미국 주도의 세계화가 새로운 전통과 문화로 가는 과정이 될 수 있음을 암시하고 있다.

달러화에 대응하여 유로를 출범시키면서 범유럽 공영권을 도모하고 있는 서구도 미국에 미치지 못함을 자인하고 있다. 2050년이 되어도 미국은 여전히 정치, 경제, 군사의 초강대국으로 남을 것이며, 서구는 아무리 발버둥쳐도 미국을 따라잡지 못할 것이라고 최근 영국의 「이코노미스트」지는 전망하고 있다. 그 이유는 각지로부터 계속 유입되는 이민자들에 의해서 미국은 늘 젊고 역동적, 개방적이며 다양성이 존중되는 나라로 남을 테지만, 반면에 노령화로 치닫고 있는 서구는 그 역사만큼이나 더 늙어갈 뿐이라고 한다.

그렇다면 미국의 힘은 어디서 오는 것일까? 미국이 갖는 그 엄청난 흡입력, 수용력, 동화력은 어디서 비롯되는 것일까? 거듭 말하건대 그것은 미국이야말로 사람이 태어나서 어떤 인위

적인 제도나 조직이나 정책으로부터 구속받지 않고, 가장 자유로워질 수 있는 곳이기 때문일 것이다. 미국은 '제도적인 간섭으로부터 자유로운 개인의 안녕'을 최대한으로 보장하고 도모하는 나라라고 할 수 있다. 미국은 인간이 인간으로서의 본질적, 원초적, 자연적, 본능적인 자유욕(desire to be free)을 성취하기에 가장 적합한 나라로 보인다.

비운의 미국 대통령 케네디는 1961년 그의 취임연설에서 미 국민들을 향하여 국가가 무엇을 해줄 수 있을까를 묻지 말고 자신이 국가를 위해서 무엇을 할 수 있는가를 스스로 물어보라고 호소했다. 그는 이어서 세계의 다른 나라 사람들을 향해서 미국이 무엇을 해줄 수 있을까를 묻지 말고 인간의 자유를 수호하고 증진하기 위해서 우리가 함께 무엇을 할 수 있는가를 스스로 물어보라고 말했다. "미국이 무엇을 해줄 수 있을까"를 묻지 말라는 말은 많은 사람들의 심기를 불편하게 만드는 건방진 말로 들릴 수 있다. 미국이 뭔데? 언제 미국이 뭐 해 주기를 바란다고 했나? 하지만 당시 세계가 미국에 의존하는 정도와 기대하는 수준이 매우 컸다는 것을 고려할 때 이해할 수 있는 말이다.

문제는 오늘의 현실에서 아직도 세계가 미국에 의지하고 기대하는 정도가 작지 않고 따라서 케네디의 말이 40여 년이 지나서도 그 의미를 잃지 않고 있다는 사실이다. 어찌 보면 그 의미가 지금 더 크게 대두된다고도 할 수 있다. 이제 세계는 자유, 평등, 정의, 평화, 번영을 함께 추구함에 있어서 각국이 무엇을 어떻게 기여할 수 있을까를 진지하게 생각하고 행동해야 할 때이다. 테러와 국제분쟁, 빈곤과 질병, 인권유린과 환경파괴라는 인류 공동의 적은 각자가 자기의 이익만을 추구할 때 생기는 현상이다. 서로의 사랑과 존경, 이해와 동정을 잃을 때, 즉 인간이 인간다움을 잃을 때 발생하는 문제들이다. 그런데 인간의 인간다움이야말로 미국뿐 아니라 우리 모두가 추구하는 궁극적인 목표이자 이상이다.

미국 달러화의 뒷면에 그려져 있는 피라미드처럼 미국 사회는 힘과 안정과 강인함을 추구하고 있다. 그렇지만 그 피라미드 그림이 아직 완성되어 있지 않은 것같이 미국도 아직 완성되어 있지 않다. 미국은 늘 성장하고 개선되고 건설되고 역동적으로 변화해 가고 있음을 의미한다. 이제 얼마 안 있어 백인이 미국 인구의 절반 이하로 떨어지면 미국에는 과반수를 차지하는 인종이 사라지게 된다. 그때에도 미국을 백인우월주의에 근거하는 편협한 독선주의로 또는 팍스아메리카나를 고집하는 패권주의, 제국주의 미국이라고 비난할 것인가.

식당에서 접시 닦기부터 시작하든 첨단과학 연구실에서 실험조교로 시작하든 오늘도 세계 각지로부터 많은 사람들이 아메리칸 드림을 실현하고자 미국으로 들어오고 있다. 그런데 따지고 보면 자기 나라에서 그대로 살고 있는 사람들의 드림도 마찬가지다. 자유와 평등과 평화와 안전 속에서 인간으로서의 행복과 번영을 추구한다는 것이 어찌 미국인들만의 꿈이겠는가. 아메리칸 드림은 처음부터 인류의 드림이었고, 이제 그 드림이 미국에 의해 곳곳에서 많은 사람들에게 현실화되고 있을 뿐이다. 미국은 절대로 이상향이 아니다. 이상향에서 멀어도 한참 멀다. 하지만 다른 나라들보다는 반 걸음쯤 가까운 것 같다.

___미국 문화지도

초판발행 2003년 6월 30일 | 4쇄발행 2008년 4월 25일
지은이 장석정
펴낸이 심만수 | 펴낸곳 (주)살림출판사
출판등록 1989년 11월 1일 제9-210호

주소 413-756 경기도 파주시 교하읍 문발리 파주출판도시 522-2
전화번호 영업 · (031)955-1350   기획편집 · (031)955-1357
팩스 (031)955-1355
이메일 salleem@chol.com
홈페이지 http://www.sallimbooks.com

ISBN 89-522-0105-1 04080
        89-522-0096-9 04080 (세트)

값 9,800원